聽講  龍樹菩薩的故事

目 錄

編者的話

編著此書，可以說是從「無知」開始。「無知」，是因為幾年前編者和家人回老家時，去到供奉「龍樹大聖」的廟宇時，被同行者取笑連自己禮拜的何方神聖都不知道，心生慚愧，從而才開始在市面和圖書館找了幾本對龍樹菩薩的零碎介紹，又在網上看了一些龍樹菩薩的故事，覺得很有趣，但從中也起了不少疑問，例如龍樹菩薩為什麼有幾個譯名？他的奇異的出生，為什麼願意棄外道，並出家從佛？

後來再看著、看著就發現為什麼同樣的龍樹菩薩，對他的出生，漢傳佛教和藏傳佛教就有不同的表述；甚至他的死亡也如此神異！即使在漢傳佛教經典的譯師鳩摩羅什大師和玄奘大師，也有不同的演繹；再看傳統民間對龍樹菩薩也寄於非凡的醫神、財神色彩信仰；編者深感可以將其整合成書，與眾分享。

此書並不探索龍樹菩薩艱巨的著作佛學理論，而是編者多年來從漢傳佛教、藏傳佛教看過有關龍樹菩薩的故事，再配合編者從小成長的地方就有龍樹大聖的信仰，進行編、採、寫的過程而成書。

《聽講龍樹菩薩的故事》能如期出版，感恩龍樹菩薩與諸佛菩薩加被！感恩慈雲法師、崇諦法師的指導！感恩白照傑博士、金色度母唐卡文化的旦增央噶，他們欣然答允編者轉載他們的文章！感恩在編採過程中，諸位鄉親：鄭萬章、鄭炳輝、洪玉華、鄭梓敬、鄭慶民、鄭雪晶、鄭穎琦等的協助！感恩我家謝師兄精神和資源上的支持！感恩諸多因緣成就此書面世！

桂心

二零一九年 · 秋

4

漢傳佛教的龍樹菩薩故事

廣大發願頌

龍樹菩薩 造

西天譯經三藏、傳法大師賜紫臣、施護等、奉詔譯【經文出處：大藏經、第三十二冊 No.1676《廣大發願頌》】

所有一切眾生類，過未現在世無盡，
而諸佛剎廣無邊，彼無邊剎塵充滿。
又一一塵為一剎，廣大佛剎如塵等，
一一剎中正覺尊，如塵無量我普禮。
彼塵倍聚諸佛剎，剎中佛佛我稱讚，
我常供養以一心，經如塵數廣大劫。
頂禮諸佛及法眾，我於三寶常歸命，
我悉持以諸妙華，及眾寶聚常普施。
若我已起一切罪，我今普盡而懺悔，
若我未生一切罪，我一切時常遠離。
所有一切勝福事，我於一切常隨喜，
此福回向於有情，及佛無上菩提果。
如佛正法中所說，願力堅固復真實，
我常供養諸世尊，願我最後得成佛。
願我生生具深智，常如妙吉祥菩薩，
悲心息苦救世間，願如觀自在菩薩。

賢善愛眼視眾生，願與普賢尊無異，
慈意善觀諸情品，願我常如慈氏尊。
布施願如虛空庫，持戒願如神通慧，
忍辱精進二度門，願我悉如常精進。
定力能攝諸散亂，願我得如金剛手，
善說十地諸法門，說智願如金剛藏。
於佛世尊善請問，願我得如除蓋障，
深心智慧具堅固，願我常如堅固慧。
神通無礙善方便，願我得如無垢稱，
善護眾生諸善根，勤勇願如常勇猛。
善說波羅蜜等法，願我得如無盡意，
具足無量妙音聲，願與妙音尊無異。
近善知識心無懈，願我生生如善財，
虛空無喻法能宣，願我得如虛空藏。
地能長養諸世間，普利願如地藏尊，
息除貧苦利眾生，願與寶藏神無異。
語出無盡妙法寶，願我得如雲無竭，
智慧堅利復常勤，願與常啼尊無異。
此等最上諸佛子，最勝功德聚無邊，
名稱廣大復無盡，願我名稱亦如是。
我此讚佛功德聚，最上勝善極廣大，
普願世間諸有情，住彼最勝功德聚。

上文轉載「圓光禪寺」網頁鏈接：
https://sites.google.com/site/ykhzensu/102nian-xue-fu-xin-de/fa-yuan-song

龍樹菩薩簡介

龍樹（天城文：नागार्जुन，Nāgārjuna，泰盧固文：నాగార్జున，僧伽羅語：නාගර්ජුන，藏文：ཀླུ་སྒྲུབ；藏語拼音：klu sgrub，一稱為龍猛、龍勝，音譯為那嘎呵朱訥，舊譯為那伽閼剌樹那、那伽阿順那）是佛教僧侶、大乘佛教論師，大約生活在公元 2 世紀，出生於南印度，於說一切有部中出家，在佛教史上具崇高地位，許多人認為他是釋迦牟尼佛之後，大乘佛教中最重要的論師，相傳為證得初地果位之菩薩。其著作甚多，有「千部論主」的稱譽，其中以《中論》及《大智度論》最為著稱。

龍樹廣泛影響了大乘佛教各宗派，中觀派以他為創始者，瑜伽行唯識學派與如來藏學派也多以他的著作來證明本身宗義的正確。在漢傳佛教中享有「八宗共祖」的稱號。在藏傳佛教中，與其大弟子提婆（亦名聖天）同被列入為佛教的二勝六莊嚴之一。密宗也以他為傳承上師之一，列名八十四大成就者中。在中國，一些道教流派由於受到佛教禪宗、密宗的影響，也尊龍樹為神靈，尊稱其為「龍樹大醫王」、「衛國金剛龍樹王」，如閭山派。

名稱

Nāgārjuna，由 Nāgā（那伽，意為龍，或是象）與 arjuna 兩個單字組成。鳩摩羅什認為阿周陀那（arjuna）是一種樹名，因其在此樹下出生，以樹名為名，而龍成其道故，將其名譯為龍樹。

玄奘將其名譯為龍猛。這個譯法有兩個說法，一是遏羅樹那（arjuna）意為威猛，二是古代勇士，以阿周陀那為名，因此阿周陀那也有威猛的意思。這位古代勇士可能是指《薄伽梵歌》中的阿周陀那，阿周陀那也是因陀羅的名字之一。北魏般若流支譯為龍勝。

Arjuna，在梵文中，源自於動詞詞根 Arj，意為得到、獲得、成就。布頓認為，Nāgārjuna 意為於龍中得到成就。譯為藏文：ཀླུ་སྒྲུབ；藏語拼音：klu sgrub，klu 是那伽，也就是龍的意思，sgrub 則是得到成就之意，字面直譯為龍成。

出身

龍樹出身南印度，為婆羅門種姓，少年時學習吠陀經典，同時也精通各種學問及法術。因學隱身術，與至友三人進入王宮，差點被殺，領悟欲為苦本，於是決心出家，加入佛教僧團。傳統上認為龍樹是在說一切有部（簡稱為有部，音譯為薩婆多部，是部派佛

教中上座部分出的一部）中出家的。

弘法

龍樹在印度北方雪山（今喜瑪拉雅山區）的佛寺，閱讀到大乘佛教經典後，至印度各地尋求大乘佛教經典，並推廣大乘佛教。因為當時大乘佛教尚未被人接受，曾想自立大乘僧團，改變服飾，自行授戒，但沒有成功。

相傳龍樹進入龍宮學習大乘方等經典，之後在印度南方弘法。根據《法苑珠林》與《大唐西域記》記載，印順法師認為龍樹進入龍宮的地方，在於烏荼國（位於今印度奧里薩邦）。龍樹進入龍宮取回的大乘經典，漢傳佛教相傳為《華嚴經》，藏傳佛教的傳説則是《般若十萬頌》（即《大般若經》）。

龍樹曾服務於案達羅王室，曾寫作《寶行王正論》、《親友書》，致案達羅王室。其中《親友書》，求那跋陀羅譯為《龍樹菩薩為禪陀迦王説法要偈》，義淨譯為《龍樹菩薩勸誡王頌》，宋僧伽跋摩譯為《勸發諸王要偈》。禪陀迦王有説是案達羅王朝的開國者（Simuka；但音亦近其子：第二代中興國王 Satakarni），龍樹引用王室先祖之名，以信件勸誡案達羅王應行正道來治理國家，由此信件可知他與案達羅王室間，有深厚友情。藏譯本稱這位國王為

樂行國王，義淨譯本稱其為乘土國王、婆多婆漢那王（Satavahana，為案達羅王室別名；非國王名），大唐西域記稱其為引正王，可知他是案達羅王室的某位國王，但他的實際身份，在現代學者間仍有爭論。

晚年及圓寂

龍樹晚年居住在南憍薩羅國西南的跋邏末羅耆釐山中，案達羅王室為他在此建立伽藍。龍樹極為高壽，年紀超過百歲。他可能是因為佛教部派間的爭論而被一小乘佛教法師殺害，或是涉及王室繼承造成的政治紛爭而被王子殺害而圓寂。

龍樹圓寂後，繼承人為弟子提婆。南印度地區的人為龍樹建廟，備受尊崇，與馬鳴、提婆、童受等共稱「四日照世」。大乘佛教中對他極為敬重，傳說他為初地菩薩，慧遠認為他是十地的大菩薩，道安認為他是十地菩薩、阿羅漢，嘉祥吉藏大師認為他為如來所示現。

龍樹與龍叫

在北魏譯與唐譯的《楞伽經》中曾提到龍樹。相關段落在宋譯本《楞伽阿跋多羅寶經》未出現。藏傳文獻稱《楞伽經》、《大雲經》又記載，這位一切有情樂見童子，又稱為龍比丘，傳統上將他等同於龍樹。

　　密宗以龍猛為其始祖之一，如藏傳佛教所傳《文殊根本續》，提到一位稱為龍的比丘，與《楞伽經》傳說相同，密宗傳統上也認為他就是龍樹。

　　在《大雲經》、《大法鼓經》中，皆提到一位出身南印度，名為一切有情樂見童子的人物，可能是如來藏學派早期的重要人物之一。印順法師認為，龍樹的《大智度論》已引述到《大雲經》，《大雲經》集成時間應早於龍樹，並將一切有情樂見童子的在世年代推定為公元 1 世紀，與馬鳴同時。在漢譯《大雲經》中說這位「眾生樂見比丘」是大菩薩、大香象王，梵文中「那伽」可指「龍」也可指「象」，這裏的大香象王是對他的盛讚之語，但後人可能誤會他還有名字叫「大香象王」或「龍」。《大法鼓經》提到世間樂見比丘的事蹟，並「生安樂國」，魏譯和唐譯《楞伽經・偈頌品》也稱龍樹將「往生安樂國」，在傳說中可能因此把兩個人等同起來。

　　印順法師認為，《楞伽經》中提到的龍樹，梵文名為 Nāgāhvaya，意譯為「龍呼」、「龍叫」、「龍名」，與龍樹（Nāgārjuna）的名字不同，指應是另一個人。多羅那他《印度佛教史》記載，有位南方阿闍黎龍叫，與提婆同時，在印度南方倡導唯識中觀見，應屬於順瑜伽行中觀學派，在教義上近於如來藏學派。他生活在旃陀羅笈多時代，時代晚於龍樹，與提婆同時，可能也是龍樹的弟子之一。布頓大師也認為《大雲經》

中相關記載並未明確說這位比丘即是龍樹，仍待考證。可能在晚期的傳說中，把龍樹跟這位龍叫的事蹟混在一起，因此造成誤會。

龍樹的年代

龍樹在世年代，有很多傳說。西方學者多認為是西元 1 世紀至 2 世紀之間。

《龍樹菩薩傳》寫作於龍樹過世後百年。據此，印順法師認為龍樹在世時間，約是西元 150 年至 250 年間。宇井伯壽以鳩摩羅什在世時間逆推，估算龍樹在世的時間，也得出相同的見解。

龍樹與密宗

《布頓佛教史》記載龍樹出生南印度毗達婆國，於中印度那爛陀寺出家，師從密教大手印祖師薩哈拉巴學習了密集金剛密續，他原名為羅睺羅跋陀羅。印順法師認為龍樹曾於那爛陀寺學法的記載，可能是後世訛傳。

思想及貢獻

龍樹菩薩是佛教中觀學說的開創者，以其初地菩薩的證量，並依大乘佛教般若諸經典為本，對大乘佛法的中道予以嚴謹的論證。龍樹菩薩於大乘佛法的中道定義為「非有亦非無，亦無非有無，此語亦不受，

如是名中道。」即不落有無兩邊，此不落亦不落，如此形容語也不受，是名為中道。並以此中道義及初地無生法忍的證量破斥諸外道的謬論。龍樹菩薩在佛法的歷史地位，世尊早已預記於《摩訶摩耶經》中：「…佛涅槃後…六百歲已，九十六種諸外道等，邪見競興破滅佛法。有一比丘名曰馬鳴，善說法要降伏一切諸外道輩。七百歲已，有一比丘名曰龍樹，善說法要滅邪見幢，然正法炬。」意謂繼馬鳴菩薩後約一百歲已，外道的邪見（斷見、常見、無因論等）乃未止息。故龍樹菩薩造《中論》、《十二門論》、《大智度論》破斥邪見並弘揚世尊的第一義諦正法。龍樹菩薩的歷史地位，佛亦預記於《入楞伽經卷第九》中：「…大慧汝諦聽，有人持我法。於南大國中，有大德比丘；名龍樹菩薩，能破有無見。為人說我法，大乘無上法；證得歡喜地，往生安樂國。」

　　龍樹菩薩的《中論》依「八不中道」滅諸戲論。《中論》以觀蘊處界等一切法的「有、時、空、動」四個範疇，論證緣起沒有獨立、常住的自性，沒有自性就是（自）性空，並以此降伏諸外道的邪見。又龍樹菩薩大弟子提婆者，智慧明敏，機神警悟，欲摧邪見外道，乃請其扮外道，龍樹扮外道並力挺外道義，然提婆依龍樹所授佛法破斥外道謬理。七日之後，龍樹亦失其所立之外道義，遂允提婆擊法鼓，與外道論議，隨外道之所說，而予以析破，摧諸異道。故摧伏

外道、破斥邪見、作獅子吼、護持並弘傳世尊正法、紹繼佛種、續佛法脈、以初地菩薩的證量作法布施，造諸論，利益有情，此是龍樹菩薩在佛法的歷史上應有的定位。

龍樹菩薩造《中論》以觀五陰十八界法等法，以示緣起中道。例如以觀四諦而成立之緣起「性空」（沒有自體性）的真意，即是無常無我的因緣法，即是《中論》〈觀四諦品第二十四〉所言之「以有空義故，一切法得成，若無空義者，一切則不成……，未曾有一法，不從因緣生，是故一切法，無不是空（義）者。」故依無生法而言，無生法與一切法乃非一非異之中道也。

對漢傳佛教的影響

龍樹菩薩的「中觀」，是到了鳩摩羅什（344-413年）翻譯龍樹菩薩著作後，才漸為中土佛教界所識。鳩摩羅什及其弟子僧肇等人，修正六家七宗之偏失。龍樹菩薩在中國被譽為八宗共祖（三論、天台、華嚴、唯識、淨土、禪、密、律）。中觀系典籍翻譯及介紹於中土者，以鳩摩羅什法師為始，後有太虛大師的後人施護法師繼之。

對藏傳佛教的影響

藏傳佛教四大教派都推崇龍樹與中觀，所接受的

中觀思想，主要是中晚期印度派的思想。寂護是最早將中觀派思想引入藏傳佛教的代表人物，赤松德贊曾經向全藏宣布，以寂護的見解作為藏傳佛教的規範。寂護的見解被稱為隨瑜伽行中觀派，因為他在相當程度上，融合了唯識派的思想。在寧瑪派中，仍然保持了他的部分見解，但因為朗達瑪滅佛的影響，寂護在西藏的影響力在後世並不大。

至後弘期時，月稱的再傳弟子阿底峽大師，以寂天的教義，入藏傳授，作《菩提道燈論》，建立噶當派，將中觀應成派傳入西藏，後為格魯派宗喀巴尊奉，成為藏傳佛教的正宗。

寧瑪派繼承了印度晚期諸師的舊說，將「如來藏」思想稱為「大中觀」，亦即「大圓滿見」，以此建立大圓滿次第。

噶瑪派傳承印度那洛巴大師的法脈，認為大手印、大中觀和大圓滿教授，三者本質沒有差別，都是直接觀看我們的心性。在直貢噶舉派中認為教主吉天頌恭在佛住世時為維摩詰居士，然後再轉世為龍樹菩薩，最後轉世為吉天頌恭，創建直貢噶舉。

薩迦派以清辨的中觀思想，作為解釋密乘的本義。

著作

　　龍樹菩薩論著極為豐富，如：《大智度論》、《中論》、《十二門論》、《七十空性論》、《迴諍論》、《六十頌如理論》、《大乘破有論》、《十住毗婆沙論》、《大乘二十頌論》、《菩提資糧論》、《寶行王正論》、《勸誡王頌》、《優波提舍》、《莊嚴佛道論》、《大慈方便論》、《無畏論》等不少著名的論典，造論之多，世所罕見，故被譽為「千部論師」。然除上述之經典外，亦有學者存疑其它的一些論典是否真為龍樹菩薩所著，如《十八空論》、《釋摩訶衍論》。現存藏傳《無畏論》，因為其中引用了提婆著作，被認為是後人所作，非龍樹著作。

　　印順法師根據藏傳佛教傳統，將龍樹的著作，分為兩大類，一為抉擇甚深義者，這包括《中論》、《七十空性論》、《六十正理論》、《迴諍論》等，以論理方式深入諸法實相。二為分別菩薩廣大行者，包括《大智度論》、《十住毗婆沙論》、《菩提資糧論》、《寶行王正論》、《勸誡王頌》等。

　　漢譯龍樹菩薩所造之《中論頌》、《大智度論》、《十住毗婆沙論》皆對漢傳的大乘佛法有重要影響與貢獻，也是中觀學派所依據的論典。

　　在龍樹作品中，大量引用各種佛經，佛教研究者
經常以此來作大乘佛教經典的定年之用：在龍樹作品
中曾被引用的大乘佛教經典，為早期大乘佛教經典，
而龍樹未曾引用的，則判定為中期及晚期佛經。

　　龍樹作品中，只有《中論》與《迴諍論》的梵文
本仍然留存。

上文轉載自「維基百科」網頁鏈接：
https://zh.wikipedia.org/wiki/%E9%BE%8D%E6%A8%B9

日。後宮中人有懷妊者以事白王。王大不悅。此何不祥為怪乃爾。召諸智臣以謀此事。有舊老者言凡如此事應有二種。或鬼或術。可以細土置諸門中。令有司守之斷諸術者。若是術人足跡自現可以兵除。若其是鬼則無跡也。鬼可呪除人可刀殺。備法試之見四人跡。即閉諸門令數百力士。揮刀空斫殺三人。唯有龍樹斂身屏氣依王頭側。王頭側七尺刀所不至。是時始悟欲為苦本。厭欲心生發出家願。若我得脫。當詣沙門求出家法。既而得出入山詣佛塔出家受戒。九十日中誦三藏。盡通諸深義。更求諸經都無得處。雪山中深遠處有佛塔。塔中有一老比丘。以摩訶衍經與之。誦受愛樂雖知實義未得通利。周遊諸國更求餘經。於閻浮提中遍求不得。外道論師沙門義宗咸皆摧伏。即起憍慢心。自念言世界法中津塗甚多。佛經雖妙以理推之故未盡。未盡之中可推。而說之以悟後學。於理不違於事無失。斯有何咎。思此事已。即欲行之立師教誡更造衣服。今附佛法所別為異。方欲以無所推屈表一切智相。擇日選時當與諸弟子。受新戒著新衣便欲行之。獨在靜室水精地房。大龍菩薩見其如此。惜而愍之即接入海。於宮殿中開七寶藏發七寶函。以諸方等深奧經典無上妙法授之龍樹。龍樹受讀九十日中通練甚多。其心深入體得實利。龍知其心而問之曰。看經遍未。答言汝諸函中經甚多無量不可盡

也。我所讀者已十倍閻浮提。龍言如我宮中所有經典。諸處此比復不可知。龍樹即得諸經一箱。深入無生三忍具足。龍還送出。時南天竺王甚邪見承事外道毀謗正法。龍樹菩薩為化彼故躬持赤旛在王前行。經歷七年王始怪問。此是何人在我前行。答曰我是一切智人。王聞是已甚大驚愕而問之言。一切智人曠代不有。汝自言是何以驗之。答言欲知智在說王當見問。王即自念我為智主大論議師。問之能屈猶不足名。一旦不如此非小事。若其不問便是一屈遲疑良久。不得已而問之。天今何為耶。龍樹言天今與阿脩羅戰。王聞此言譬如人噎。既不得吐又不得咽。欲非其言復無以證之。欲是其事無事可明。未言之間龍樹復言。此非虛論求勝之談。王小待之須臾有驗。言訖空中便有干戈兵器相係而落。王言干戈矛戟雖是戰器。汝何必知是天與阿脩羅戰。龍樹言搆之虛言不如校以實事。言已阿脩羅手足指及其耳鼻從空而下。又令王及臣民婆羅門眾。見空中清除兩陣相對。王乃稽首伏其法化。殿上有萬婆羅門。皆棄束髮受成就戒。是時龍樹於南天竺大弘佛教。摧伏外道廣明摩訶衍。作優波提舍十萬偈。又作莊嚴佛道論五千偈。大慈方便論五十偈。令摩訶衍教大行於天竺。又造無畏論十萬偈。於無畏中出中論也。時有婆羅門善知呪術。欲以所能與龍樹諍勝告天竺國王。我能伏此比丘王當驗之。王

言汝大愚人。此菩薩者明與日月爭光。智與聖心並照。汝何不遜敢不推敬。婆羅門言。王為智人何不以理驗之。而抑斷一切。王見言至為請龍樹。清旦共坐政德殿上。婆羅門後至便於殿前呪作大池。廣長清淨中有千葉蓮華。自坐其上而訶龍樹。汝在地坐如畜生無異。而欲與我清淨華上大德智人抗言論議。爾時龍樹亦以呪術化作一六牙白象。行池水上趣其華坐以鼻繳拔高舉擲地。婆羅門傷腰委頓。歸命龍樹我不自量毀辱大師。願哀受我啟其愚蒙。有一小乘法師。常懷忿嫉。龍樹問之言汝樂我久住世不。答言實不願也。退入閑室經日不出。弟子破戶看之遂蟬蛻而去。去世已來始過百歲。南天竺諸國。為其立廟敬奉如佛。其母樹下生之。因字阿周陀那。阿周陀那樹名也。以龍成其道故以龍配字號曰龍樹也（依付法藏經即第十三祖三百餘年任持佛法）。

上文轉載自「中華電子佛典協會」（CBETA）網頁鏈接：
http://tripitaka.cbeta.org/T50n2047b_001

龍樹菩薩傳 （今譯）

　　龍樹是大乘佛學的創始人，生於約公元二至三世紀，是南印度德干高原的溫達拉巴地區的一個婆羅門家族，傳說其父姓龍，母生他於樹下，故名龍樹。

　　龍樹天資特別聰明，在孩提的時候，聽到婆羅門誦讀經典，數遍之後，他即能背誦。到二十歲以後，對天文、地理、數學，以及婆羅門和各道的經文，幾乎都讀遍了，而且理解力相當強，因此在青年時名氣就很大。

曾習外道

　　他有幾個同齡好友，都是學識超群。一天，大家議論道：我們把天下的經論都讀透和理解了，現在就是沒有學到法術，不能縱情逸樂。不久就打聽到一個術士，會隱身術，他們就去登門求教。那術士看到他們年輕，又動機不良，不願傳授。在他們苦苦請求，術士纏不過他們，只得給每人一粒藥丸，囑告道：「你們要在僻靜的地方，用水將藥丸磨化，塗在眼睛周圍，人們就見不到你們了。」龍樹便當場試磨，細辨藥丸的氣味，對術士道：「你共用了七十種藥物合成，對嗎？」術士不勝驚訝，問他怎麼知道。龍樹説：「我是從氣味中辨別出來的。」術士甚為嘆服，只得叮嚀要慎用此術。

　　龍樹等四人仗著隱身術，從此常出入宮中，恣情取樂。百餘日後，宮中的一些美女，竟有人懷孕了。國王大為忿怒，嚴加責問。妃子們哀泣說：「非是我們不貞，是睡夢中有妖人作弄。」國王召大臣商議。一老臣說：「凡這等事有兩種可能，一是鬼魅作祟，一是術士搗亂。陛下可派幾個精明的人，暗暗分守在宮門背後，若是術人，總有跡象可露，可用兵器除之；若是妖魅，雖無跡象，亦可用符咒消滅。」國王立即照辦。

　　不久有人來報，是術士所為。國王當即派武士數百人，禁閉宮門，手揮刀劍望空亂砍。三個婆羅門術士被殺死了，唯有龍樹藥性未過，沒有現形，又屏氣凝神躲在國王背後，終於逃脫了性命。

　　受此嚴重教訓後，龍樹方才覺醒，想到了佛陀所說：「貪欲是眾苦與禍患的根本，一切敗德喪命之事，皆由此引起。」於是下了皈依佛門的決心。他尋到一座山上的佛塔，向一位沙門虔誠求法，出家受戒。他在佛塔待了九十多天，讀遍了所有經論，心感不足，但已無其他經文可讀，便辭師下山。再訪尋到北印度雪山（有指應是現稱的喜瑪拉雅山）的一座佛塔，向一位老比丘懇求，得到了《摩訶衍》大乘經典，他用心研究求教。三個月後，他又統統理解並背熟了，仍感不滿足，於是就周遊列國，蒐集沙門的各種經論。

一路上，他還和諸外道及部派佛學者辯論，都辯不過他。他逐漸產生了驕傲，認為佛經較諸外道，其理雖然高明深奧，但亦不難窮盡，不能滿足他的要求，便漸生非分之想，別出心裁，另製服飾，欲另自立門派，廣收徒弟，宣揚他的學說。

學習佛法

正在此時，有一位叫大龍的比丘，長髯突眼，目光炯炯，特來找他。對他說：「年輕人啊，你不能持井蛙之見，你的學識再高能超過佛陀嗎？你且跟我到一個地方，讓你看看大乘經典，你再下結論吧。」這位大龍比丘就把他領到一個深山的石洞，入洞數步，竟是另外一個世界，殿宇金碧輝煌，清靜雅緻。大龍比丘把他領入龍宮，打開一個個玉石寶庫，裏面藏著數不盡的稀世經典，寶庫裏發出陣陣幽香。大龍比丘說：「年輕人，這下夠你讀了吧？」龍樹忙不迭地貪婪翻閱，口裏說道：「長老，我太感謝您了！」

這下龍樹真的滿足了，比過去讀到的多十倍，玄理更加精妙深奧，他如飢似渴地晝夜閱讀，不明之處隨時就向龍師請教，視野頓時開闊，心量也開始謙虛了。至此他才真正地感到，佛學浩如煙海，其理博大精深，沒有任何外道超得過它，夠他一生用心鑽研了。同時也打消了自立門戶的陋見。

弘揚佛法

他在龍宮待了很久，把所藏的經典反覆細閱，幾乎能背誦了。大龍長老又授予他一些神通術，他才別師出宮，再回到南印度。從此大力宣揚佛法，說服外道，推廣大乘佛教。被他感化的婆羅門等外道，不計其數。

其中印度有一個鄰國，國王排斥佛教，篤信外道，並強迫其臣民亦信奉外道；對沙門釋子，則非平等對待。龍樹聞之，特前往宣揚佛法。其時該國正在招募國王衛士，龍樹應募，很快升為校衛。他在短時期內，幫助整頓隊伍，嚴明紀律，使國王的衛隊面貌一新。一日國王出巡，龍樹率領衛隊荷戟前行，綵旗招展，步伐整齊，威風凜凜。國王見了甚是滿意，便問侍者帶隊的是什麼人，侍者答：「此人奇怪得很，不吃王家一口飯，也不要王家一文餉銀，說是來保護國王，整飭軍紀。」國王亦覺奇怪，就召他晉見。問道：「你是什麼人？」龍樹答：「我是一切智人。」國王驚愕，半晌說：「一切智人曠古少有，你敢大言不慚嗎？」龍樹說：「國王如果不信，可以當場試驗。」國王心裏想道：我是精研婆羅門教理的，可謂智人之主，他竟當我面自稱一切智人，而且說得如此著實，不能小看。我若提出的問題，被他解答，證明他勝了；我若不提出問題，也說明我負了。遲疑良久，就索性提個大難題，看他如何回答。於是啟口問道：「你可知今上天在做什麼？」龍樹不慌不忙地施

禮作答：「啟稟國王，當今上天正在與阿修羅作戰，戰鬥方酣。」國王聽了，喉嚨裏像塞了棉團一樣，心裏想：「這個人真是瘋子嗎？」半天說不出話來。龍樹說：「國王，你不要以為我是虛談怪論，片刻就能見驗。」說罷，不一會，就聞空中干戈喊殺之聲，阿修羅的手和斷足從空掉下。龍樹又施法術，讓國王、臣民與婆羅門等，統統見到天上鏖戰的情況，良久才漸漸隱去。

這時從國王起，所有的臣民和婆羅門等，個個驚訝信服。國王再問龍樹：「你究竟是什麼人？」龍樹忽現比丘身，稽首答道：「貧僧乃是沙門龍樹。」國王早聞龍樹是鄰國的大師，舉國被其佛化，今日得見，果然名不虛傳！心悅誠服，於是也皈依了佛門。國內所有婆羅門、外道，亦甘願剃髮受戒，至心歸命，自此便恭請大師天天宣講佛法，舉國受到了正法的教化。以後龍樹又回到南天竺國。

當時有位婆羅門上師，會一點咒術，心生嫉妒，欲與龍樹比個高下。他奏明國王，請王以觀究竟。國王規勸他：「我看你虛心一點吧，龍樹已是一位得道高僧，和多年前大不同了，他明與日月爭光，智與聖心並照，你為什麼不能容他呢？」婆羅門說：「陛下被他巧言迷惑了，我諒他沒有什麼真本事，如若不信，看我們比試吧。」國王見他固執，只得准奏。

　　比賽當天，國王與龍樹先坐在聽政殿上。婆羅門後到，他見國王如此尊重龍樹，心中更是不悅，便於殿前立即作法，只見現出一個廣大潔淨的黃金池子，水波粼粼，中央昇起一株千葉蓮花，那婆羅門高坐其上傲慢地說：「龍樹，你看我坐在蓮花之上，宛如天神，而你屈居地下，卑微可笑，你敢與我蓮上的大德智人辯論嗎？」

　　龍樹也不答言，從容地離開座位，用咒言化作一頭龐大的六牙白象，自坐其上，繞黃金池子一周；然後舉步池中用象鼻把那婆羅門高高舉起，摔於地下，蓮池與白象瞬間隱去，唯見那婆羅門腿折腰傷，一副可憐之相。他自知非龍樹對手，匍匐於地，叩首懇求：「恕我不自量力，毀辱大師，伏請多諒！從此願意皈依佛門，開我愚蒙，求大師收我為弟子。」

龍樹菩薩捨報之說

　　由於龍樹弘傳大乘教法，與小乘部派佛學以及婆羅門等教派，產生了激烈的鬥爭。新王接位後信仰小乘，龍樹給一位小乘法師重重地逼迫，自感百歲後智慧、體力衰弱，就自行坐化了。

　　另據玄奘大師《大唐西域記》介紹：龍樹在晚年合成了一種長壽藥，過百年後還不見衰老，國王也得到了長壽。年過半百的太子急了，對母親說：「這樣

下去到哪一年接位啊？」母后說：「佛教主張諸行無常，諸法無我，一切可捨，連生命也可施捨。如今人們尊稱龍樹為菩薩，你就去求他施捨吧。」太子就來到龍樹跟前，跪下求道：「龍樹菩薩，我不幸得了一種疾病，非人腦不能醫治，如今昇平時代，到哪裏去覓人頭啊，只有求菩薩施捨了。」龍樹知道王子的來意，說道：「我可以滿足你的要求，只是你父王也不能長久了，你要負不孝之罪啊！」王子不吭一聲，只是叩頭。龍樹就隨手取了一根乾茅草，吹口氣，化作利劍，立刻自刎了。國王聽到此事，不勝悲哀，缺了合藥之人，不久也就死了。

上文轉載「牟尼佛法流通網」網頁鏈接：
http://www.muni-buddha.com.tw/buddhism/biography/Nagarjuna.htm

南懷瑾先生講龍樹菩薩的故事

差不多佛過後兩、三百年時（有說六、七百年），如果勉強講，應該在秦始皇這個時候，出來了龍樹菩薩。

這位菩薩是個奇怪的人了，年輕聰明，畫符念咒，什麼武功都會，文武全才，學會了印度一切外道的本事。最後他和幾個同學練成了隱身法，肉體走進來你看不見的。他智慧很高，本事很大，很傲慢，學會了隱身法以後，怎麼玩？到哪裏去玩？隱身到皇宮裏去玩吧！於是和三個同學，四個人進皇宮，把宮女的肚子都搞大了，是這樣的玩法。

皇帝氣極了，什麼人搞的？全國嚴查，誰敢進皇宮來，把宮女肚子搞大了？找不到人，奇怪！旁邊的大臣說，一定是那些學會妖怪本事的人幹的。印度這些奇奇怪怪神秘的人很多。皇帝下命令秘密的搜查，一夜當中宮內宮外搜查，拿刀劍到處亂刺亂殺，只有皇帝坐的一丈以內不能殺進來。大概搞了一天一夜吧，那三個同學被殺死了，一殺死就現形了。龍樹菩薩呢，看到這個情形，心急了，但他極頂聰明，就停止呼吸趴在皇帝的一丈椅子下面，沒被殺到。然後在那裏懺悔，他禱告釋迦牟尼佛，佛啊！你是大聖人，我懺悔，做錯了事！求佛陀加被，假使這次不死，就出家學佛。結果他沒被殺死，出來就出家學佛。

出家以後，把所有的佛經一下都讀遍，道理也懂了，至於神通本事他本來有，能使自己起神通智慧作用的那個本性，他也找到了。認得了自性，他傲慢心又來了，認為這個世界釋迦牟尼已經過去沒有了，他可以做第二個佛了。

　　這一下，感動了佛陀的弟子龍王，如果你要講這是迷信，那就很難研究了。是西海龍王，還是東海太平洋的龍王？他那邊是印度洋，是南海龍王，還是北海龍王？照佛經所講大小龍王很多啊！佛都列出來名字的，誰管哪個範圍，研究起來，你說是神話，也很有意思的。譬如說今年中國的天氣這樣變化，颱風下雨是這個龍王管的；那一邊乾旱是那個龍王管的。

　　這位管海上區域的龍王，到底是哪一位，沒有詳細記載，也許是個人，這個事按照現在來研究，是覺得很奇怪的。龍王來看龍樹，就談道理談學問談佛法。這個龍王說，你是了不起，你真可以做當代的祖師，傳佛心法的祖師，但還不能算是佛，還不能登上這一代教主的寶座，你還沒有這個功德。況且你不要傲慢，你說已把佛經研究完了，但是佛經留在世界上的只是百分之一，另外還有許多法，佛不是在這個世界上說的，是在天上給天人說的，給龍宮龍王說的，給鬼神說的，而人世間沒有記錄。

他說：「有這個事？有哪些經典呢？」龍王說：「龍宮圖書館裏有太多佛經了！你的智慧看不完啊！你不信，我帶你去。」

一到龍宮，龍王打開圖書館，他一看不得了，不曉得多少佛經。龍王牽一匹馬，讓他騎上去，說你來不及看哦！他走馬看經題，三個月騎在馬上只能看經的題目，內容看不完，譬如《金剛經》、《心經》、《涅槃經》、《楞嚴經》……，這樣看經的題目。這一下他服氣了，出來跟龍王商量，這很多經典世界上沒有，我要帶一部回去。龍王起先說不行，再三懇求，才答應把《華嚴經》帶一部回去。

整個的《華嚴經》有十萬偈，所以中文的翻譯，晉朝翻譯是六十卷，唐朝翻譯有八十卷，這部是佛經裏的大經。但是你注意噢！這部經典是龍樹菩薩在龍宮裏請回來的。所以學佛的研究佛學，「不看華嚴，不知佛家之富貴」。這是怎麼講法？這天上地下的事物，譬如講一個亮光，有各種亮光，什麼電燈光啊、太陽光啊、月亮光啊，這個光那個光。你說這個人真會幻想，能夠幻想出來那麼多名稱，我都服了！講一個東西，一講一大堆，想像都想像不到。

譬如我們早晚功課，大家念的，有四句最重要的話：「若人欲了知，三世一切佛，應觀法界性，一切

唯心造」就是《華嚴經》的偈子。「若人欲了知，三世一切佛」，想知道什麼是真正佛法，「應觀法界性，一切唯心造」，那是徹底的唯心。他說整個宇宙萬有世界，三界天人，包括我們人、眾生的生命，一切是唯心所造，心造的，是「我」所造，不是外來，也沒有一個做主的，一切是念力自性所生。

還有，我們經常念的懺悔文：「往昔所造諸惡業，皆由無始貪瞋癡，從身語意之所生，一切我今皆懺悔。」早晚功課內容裏，很多都是《華嚴經》抽一點出來，文字翻得非常美。

然後，他又到南天的鐵塔，拿到過去佛用咒語修行的法門，這就是密宗。所以有些經典不叫龍樹，叫「龍猛菩薩」。南天鐵塔，就是南印度。印度的文化，同我們一樣分東南西北中，南印度天氣熱的這一帶，秘密的法門特別多。等於我們中國人畫符念咒的，貴州、雲南、湖南郴州這一帶特別多。他綜合了印度的各宗各派，統統歸到佛法裏來，所以在中國，推龍樹菩薩是八宗之祖！所謂禪宗、天台宗、密宗、三論宗、法相宗、賢首宗、律宗、淨土宗都離不開他。他上台說法的時候，法座上只有個圓光在那裏，只聽到聲音看不到人。他就是這麼一個人。

這是龍樹菩薩的階段。他看到佛涅槃後這些修

行人都出了問題，都抓住那個修持的、證悟的、小乘「有」法在修；所以他特別提倡般若空觀，性空，一切皆空。但是常常講空也看到不對，他就寫了一部《中論》，世稱《中觀論》，就是庚師提過的。落在有不對，掉在空裏頭也不對；空有雙融，非空非有，即空即有，緣起性空，性空緣起。因為修小乘證果的容易落在「有」上，不肯放，最後的果位、境界放不掉；但談空的也很危險，既然空了嘛，因果也空嘛，那我殺人也空哎，吃你的也空，那很危險。所以叫「中觀」學派。

你們年輕的，在少林寺學過中觀嗎？庚師在重慶的，讀過佛學院，大概會背，考考你《中觀論》的偈子怎麼說啊？

僧庚：能說是因緣，善滅諸戲論。

僧甲：諸法不自生，亦不從他生，不共不無因，是故知無生。

南師：對了！這是《中觀論》的一首偈子。一切唯心，「諸法不自生」，並不是有個東西出來的；「亦不從他生」，也不是他那邊來，不是別的地方來。那麼「自他不二，心物一元」對不對？「心物一元」是我們方便講，也不對。心物一元這個邏輯犯一個錯

誤，就是成為共生的了；心跟物兩個一起來的，是「不共生」。這是「緣起性空」道理，也不能夠說「無因生」。這是簡單解釋一下文字，這個偈子，詳細講要好多個鐘頭。

所以菩薩要證到「無生」，才是入門！就是證到了「無生法忍」，修行到了菩薩登初地的「歡喜地」。如何是「無生法忍」？甲師還記得，不錯！「諸法不自生，亦不從他生，不共不無因，是故說無生。」現代什麼西方的邏輯，各宗各派，一碰到這個道理，那些邏輯哲學，一下都站不住了。

印度龍樹菩薩造了《中論》，可是在他以前，中國人也著了一個「中論」，是曾子的學生，孔子的孫子子思著的《中庸》，「天命之謂性，率性之謂道，修道之謂教。道也者，不可須臾離也，可離，非道也。」奇怪了，他們當年文化也沒有溝通，兩位大聖人，差不多是同一個觀念。

當時，龍樹菩薩這些著作，不是玩思想，不是光談理論，而是幫助大家明心見性，修行證果，做功夫用的；也是怕你功夫的路上走岔了。到現在，佛學院裏講這一套，學者研究這一套，這些搞學問的，對修行不清楚；搞修行的卻摸都不摸這些理論，也不懂，結果統統把它分裂了。這個佛學就慢慢在演變，這個

階段，差不多已經到了我們漢朝了。這個時候，羅馬剛剛要起來，快要鼎盛了，世界上其他文化都還談不上。所以從世界歷史、文化史的演變看來，這個人類非常的熱鬧。

~~ 節錄自南懷瑾先生《答問青壯年參禪者》~~

上文轉載下列網頁鏈接：
https://www.ximalaya.com/youshengshu/14508676/83610039

八宗共祖

西元 3-4 世紀，龍樹菩薩的佛學思想傳至中國，立即在中國佛教界引起了強烈的震動，並且很快左右了中國佛教的發展方向，此後三論宗、天台宗、華嚴宗、法相宗、淨土宗、律宗、禪宗及密宗，都把龍樹菩薩視作祖師。龍樹菩薩中觀系典籍翻譯及介紹於中土者，以鳩摩羅什法師為始，後有太虛大師的後人施護法師繼之。

三論宗以龍樹的《中論》、《十二門論》、《大智度論》和龍樹的弟子提婆的《百論》為依據建立自己的體系，而且中國三論的初祖羅什所傳的就是龍樹正統的中觀思想，所以三論宗自然以龍樹為開山祖師了。

受三論宗的啟發，智者大師創立天台宗，他上承慧思、慧文之學，而這兩人也是與《中論》、《大智度論》有關的，《摩訶止觀》中記載慧文時說：「文師用心，一依《釋論》」。而智者大師在《觀心論》中也說自己是「歸命龍樹師」。因而天台宗也以龍樹為自己的祖宗了。

因龍樹著了《十住毗婆沙論》，對《華嚴經》的《十住品》有注釋，所以華嚴宗人向印度方面尋師承，也就把龍樹看成是自己的祖先了。而且龍樹曾深

入龍宮誦讀《華嚴經》，從中悟入無生法忍，並使《華嚴經》流傳於世，因此華嚴宗就把他看是自己的祖宗了。

法相宗是源於印度的瑜伽行派，而瑜伽行派是推崇龍樹的中觀思想的。瑜伽行派與後期的中觀學之間有著很深的分歧，但瑜伽行派的學者並不否認龍樹的思想和成就，他們只是認為龍樹的後繼者在論說空時有執著於空的傾向，認為這種思想傾向對佛教的發展很不利，所以就從萬法唯識的角度講關於宇宙萬有的種種認識。他們也認為自己的思想是源於龍樹的般若思想，他們認為其重要理論三性思想（遍計所執性、依他起性、圓成實性），是從龍樹的二諦理論發展而來的，是龍樹思想二諦思想的必然結果。他們又認為瑜伽就是般若，是得到大菩提的最勝方便，兩者是統一的。由於瑜伽行派與龍樹思想之間的淵源關係，所以從瑜伽行派發展而成的法相宗也就自然尊龍樹為祖宗了。

龍樹著的《十住毗婆沙論》中有《易行品》一章，說淨土法門，道理簡單，較易實行，是一條快捷方式。因此淨土宗人就把龍樹看成自己的祖宗，認為自己是義學以外的快捷方式法門，並把龍樹的話看成是調和淨土思想和義學的依據。

在南朝，律宗大師僧把龍樹列為律宗的第三十四

代宗師。僧在他的《薩婆多部記》中說:「大聖遷輝,歲紀綿邈,法僧不墮,其唯律乎!初集律藏,一軌共學,中代異執,五部各分。既分五部,則隨師傳習,唯薩婆多部遍行齊土。」 這就是說律藏本來是大迦葉和阿難結集出來的,接下來分為五支,而只有薩婆多部,即說一切有部的律法傳入中土。據說龍樹是在說一切有部出家的,與大眾部的僧人多有接觸,這樣僧也就把龍樹說為是律宗的祖宗之一了,把他列為第三十四代,把提婆列為第三十五代。

禪宗與龍樹菩薩有直接的傳承,其中龍樹菩薩為禪宗第十四代祖師,在禪宗達摩祖師從西域中帶來中原重要的經典《大乘入楞伽經‧偈頌品》中提到:「大慧汝應知,善逝涅槃後,未來世當有,持於我法者。南天竺國中,大名德比丘;厥號為龍樹,能破有無宗。世間中顯我,無上大乘法;得初歡喜地,往生安樂國。」

此外,小乘俱舍宗和成實宗也都把龍樹視為自己的祖宗,這也是有原因的。俱舍宗是以世親的《俱舍論》為理論依據建立起來的,它講的五位七十法與法相宗講的五位百法是很相近的,因此在大乘佛教興起後,它就附屬於法相宗了,而法相宗與龍樹菩薩的思想是有一定關係的,是把龍樹視為祖宗的,所以俱舍宗自然也會把龍樹視為自己宗派的祖宗了。成實宗是以《成實論》為理論依據建立起來的,它是鳩摩羅什

翻譯到中國來的成實宗思想與大乘佛教的思想有著相近的地方，當時人們都認為它是大乘經典，後來吉藏等人把它判為小乘。成實宗與三論宗在發展過程中曾有過辯論，成實學者不敵三論學者，最後成實宗也就附屬於三論宗而傳播；而三論宗思想是直接從龍樹傳下來的，與龍樹有著大的淵源，由此成實宗也就自然會以龍樹為自己的祖宗了。

龍樹菩薩對藏傳佛教的影響

密宗（唐密、真言宗）的傳承記中，提到一位龍猛菩薩，有說他就是龍樹（或說龍猛是龍樹弟子）。因此，龍樹與密宗亦應有直接傳承的關係。

據說，龍樹曾開鐵塔，向金剛薩埵菩薩（顯教裏稱為普賢菩薩）請出密法，從而密法才開始在人間流傳。因而龍樹理所當然的又成了密教的祖宗了。而且開元三大士之一的金剛智，說自己的老師是龍智，並說龍智是龍樹的弟子，這樣龍樹與密教的關係就越來越近了。而在以密法為核心的藏傳佛教中，龍樹的中觀思想更是藏傳佛教中主導思想，有著不可動搖的地位。

密宗最重視法統的師承，傳受密法必須金剛上師（秘密阿梨）灌頂，修持密法的儀軌必須請金剛上師加持，因為金剛上師是由師師相承而來的大日如來的

代表，也必是修法有了成就的瑜伽行者。根據密宗教義，密宗是由大日如來（毘盧遮那佛）親授，傳金剛薩埵（又名金剛手）為付授密法的第二祖。釋尊滅後八百年，有龍樹菩薩出世，開南天鐵塔而親向金剛薩埵面受密乘，為第三祖。

龍樹菩薩的一生是非常充實和圓滿的，他以火一般的激情，從事著極其清明的理性批判，他繼承了佛陀的緣起思想，以他極其犀利的智慧之劍，除去了人們一切的名言戲論，為人們從情思見解中解脫出來開闢了一條道路，這對大乘佛教的發展，對世界文化的發展都是有著重大意義的。人們只要閱讀龍樹的著作，接觸到他的那如同烈火、如同金剛般的智慧，都能深受感染，都能對這個世界有一定的超越。

龍樹菩薩「偷心」的故事

偉大的佛學家龍樹，他曾全身赤裸地生活，僅有的家當就是一隻鉢，但他可能是世上最偉大的天才。他有無以倫比的才智，地位崇高的帝王、后妃及著名的哲學家都是他的學生。

有位王后非常崇敬他，當龍樹到該國時，她特地打造了一個鑲滿鑽石的金鉢。

當龍樹到皇宮托鉢乞食時，王后對他說：你要先答應我一件事。

龍樹問：我全身光溜溜，只有一個鉢，你想要什麼？

王后答：我只要一個鉢，就這樣。

龍樹說：可以，請拿去。

王后說：還沒完，我會拿東西跟你換，請接受我供養的鉢。

龍樹說：沒問題，什麼樣的鉢都行。

龍樹接受了這隻王后送的缽，一路走回自己駐足的破廟。

　　有個賊不敢相信自己眼前所見到的一個全身赤裸又極為優美、莊嚴的人，托著一隻金光閃閃的缽。

　　他想：「這個缽和這個裸男有何關係？他能保有金缽多久？總有人會拿走的，我又何嘗不可？」於是他一路尾隨著龍樹。

　　龍樹走進破廟，那是間只剩牆壁、沒有屋頂的寮房，整間廟都傾頹了。牆邊有一扇窗，那個賊就躲在窗外。他知道佛教的僧人每天只吃一餐，於是想：「等他吃飽後小睡時，就能下手了，這個時候最恰當，這破廟周圍也沒半個人影。」

　　龍樹吃飽了飯，隨手把缽扔到賊所在的窗外。那賊簡直無法相信，嚇得不知如何是好，「怎麼有這種人？吃飽了就立刻把珍貴的缽給扔了，好像那是個毫無價值的東西，而且剛好就丟在我面前！」

　　於是他忍不住探頭問龍樹：「我可以進來問你嗎？」

龍樹說：「為了引你進來，我才把缽往外扔的。進來吧！那個缽是你的，別擔心，是我給你的，所以你不算小偷，那是給你的禮物。我這個窮人一無所有，只有這個缽，我也知道無法保有它太久，因為我必須睡覺，所以有人會拿走。你已經不嫌麻煩，從首都一路跟到這裏，夏天的天氣很熱，請別拒絕我的禮物，收下吧！」

賊說：你真是怪人，你不曉得這個缽很珍貴嗎？

龍樹說：自從領悟了覺性之後，其餘的都一文不值了。

賊盯著龍樹說：那請你送我更珍貴的禮物吧，如何領悟連金缽都無法相比的覺性？

龍樹說：這個其實很簡單！

賊又說：在這之前讓我先介紹自己，我是個有名的賊。

龍樹說：誰不是呢？別理那些無關緊要的事。每個人都是賊，因為人人都光溜溜地出生，然後從別人那裏偷得各種東西，每個人都是賊，因此我才全身赤裸的過活。不管你做什麼都沒問題，只要記住：偷東西時也要保持覺知、警覺、觀照；如果喪失觀照，那就別偷。只有這一個簡單的原則。

賊說：這太容易了。以後還能見到你嗎？

龍樹說：我會待在這裏兩周，這個期間你都可以來，不過要先去嘗試我告訴你的方法。

賊就這樣嘗試了兩周，他發現保持覺知是世上最難的事。無論他是在皇宮行竊，還是去別人家裏偷取金銀財寶，只要想偷東西的當下，他就會立刻失去覺知。不過他嚴格遵守對龍樹承諾，所以最後什麼也沒有偷成。

時刻保持覺知太難了，當他保持覺知時，心中偷竊的欲望就會消失。最後，他兩手空空去找龍樹，說：「我的生活全被你攪亂了，現在我無法偷任何東西。」

龍樹說：「問題在你不在我，你若想重操舊業，那就把覺知丟了吧！」

賊連連擺手：「不，那些覺知的片刻很寶貴，我這輩子從沒這麼自在、安祥、寧靜、喜樂，整個王國的財寶也比不上。」

賊哭著說：「現在我知道你說的話了，領悟覺性之後，其餘的都一文不值。我現在已經無法停止覺知的練習，我已經嘗到一些甘露的滋味。我想你一定無

時無刻都沉浸在這喜悦自在的甘露中，你能收我為門徒，讓我追隨你學習嗎？」

龍樹説：「我確實無時無刻都處在覺知中，當初你尾隨我時，我就已收你做弟子了。那時你想偷的是那個金鉢，但我想的是怎麼把你的心偷來，咱們的勾當竟然不謀而合！」

上文轉載「台中五方講堂」網頁鏈接：
https://lifetvtc22389987.pixnet.net/blog/post/108134788-%E9%BE%8D%E6%A8%B9%E8%8F%A9%E8%96%A9%E3%80%8C%E5%81%B7%E5%BF%83%E3%80%8D%E7%9A%84%E6%95%85%E4%BA%8B

龍樹菩薩與極樂淨土

　　龍樹菩薩引述的大乘經中，包含了《無量壽經》、《般舟三昧經》等宣說極樂淨土的經典。由於龍樹菩薩對於極樂淨土的詮釋，被後代的淨土信仰者所接受，因此將他推尊為「淨土宗」的祖師。值得注意的是，龍樹菩薩不僅是「淨土宗」的祖師，也是其他宗派推崇的祖師，漢傳佛教稱之為「大乘八宗」的共祖。

　　在敘述龍樹菩薩的淨土教義之前，淨土信仰者可能感興趣的一個問題是：龍樹菩薩是否發願往生極樂淨土？因為這是淨土信仰的根本要義。這可以據佛教經典、傳說與傳記中，所傳說的故事來看。

　　首先是龍樹菩薩臨終的情形。鳩摩羅什的《龍樹菩薩傳》和玄奘的《大唐西域記》的記載略有差異，但都提到了龍樹菩薩自斷命根，布施給怨忿者的情況，同時也都沒有提到是否往生極樂世界之事。

　　《龍樹菩薩傳》說：「是時有一小乘法師，常懷忿疾。龍樹將去此世，而問之曰：『汝樂我久住此世不？』答言：『實所不願也。』退入閑室，經日不出。弟子破戶看之，遂蟬蛻而去。」《大唐西域記》卷十，則敘述國王因龍樹的協助而得長壽；王子為了早日繼承王位，知道父王如果沒有龍樹的協助，將不能如此長壽，因此當面向龍樹菩薩請求施捨

項上人頭，於是龍樹「以乾茅葉，自刎其頸，若利劍斷割，身首異處。王子見已，驚奔而去。」從這兩則記載，可見龍樹菩薩施捨性命的作風，是標準的菩薩行者「難行能行、難捨能捨」的氣概。

然而，在其他一些傳說中，龍樹菩薩是發願往生淨土的。如唐·迦才《淨土論》中，引用了相傳為龍樹菩薩所作的偈頌《十二禮》，表達禮讚阿彌陀佛並發願往生之意。劉宋天竺三藏求那跋陀羅翻譯的《拔一切業障根本得生淨土神呪》（往生呪，全稱《拔一切業障根本得生淨土陀羅尼》）中記述此呪的來源是：「龍樹菩薩願生安養，夢感此呪。」在《入楞伽經》卷第九「大慧汝諦聽，有人持我法，於南大國中，有大德比丘，名龍樹菩薩，能破有無見，為人說我法，大乘無上法，證得歡喜地，往生安樂國。」這都是翻譯的經典中，有龍樹菩薩發願並且已經往生極樂世界的信仰。

此外，在漢傳佛教的往生傳中，記載淨土宗的祖師、北魏的曇鸞臨終之前，夢見自稱龍樹菩薩的梵僧，告知他即將壽終：「一夕，鸞正持誦，見一梵僧掀昂而來，入其室曰：『吾龍樹也，其所居者淨土焉。以汝有淨土之心，故來見汝。』」由此可見，儘管在傳記中沒有提到，但是龍樹菩薩在佛教的經典與信仰的傳統中，被視為一位發願往生西方淨土，而且已經在西方淨土的一位大德。

龍樹菩薩為後人的開示

龍樹菩薩造《十住毗婆沙論》，論中稱揚、讚歎阿彌陀佛的偈頌云：「若人願作佛，心念阿彌陀，應時為現身，是故我歸命。彼佛本願力，十方諸菩薩，來供養聽法，是故我稽首。彼土諸菩薩，具足諸相好，以自莊嚴身，我今歸命禮。彼諸大菩薩，日日於三時，供養十方佛，是故稽首禮。若人種善根，疑則華不開；信心清淨者，華開則見佛。十方現在佛，以種種因緣，歎彼佛功德，我今歸命禮。其土具嚴飾，殊彼諸天宮，功德甚深厚，是故禮佛足。」

又造《大智度論》，開示修行念佛法門：

「念佛三昧，能除種種一切煩惱，以及先世的罪業。其餘的三昧，有的能除淫欲，卻不能除瞋恨。有的能除瞋恨，不能除淫欲。有的能除愚癡，而不能除淫欲及瞋恨。有的雖能同時除去貪瞋癡三毒，卻不能除掉過去世的罪業。而此念佛三昧，能除種種煩惱，以及先世罪業。其次，念佛三昧，有大福德善根，能夠度脫眾生。如果有菩薩想要救度眾生，其他的三昧，沒有像念佛三昧的福德善根一樣，能夠迅速消滅一切罪惡。又佛陀為法王，菩薩為法將，菩薩最尊仰最敬重的只有諸佛世尊，是故應當常常念佛。譬如大臣，由於特別蒙受皇上的恩寵護念，因此常常思念感恩他們的君主。菩薩們也是這樣，知道一切種種的功德，無量無邊的智慧，都是從佛陀身邊得來的，因為

知道如來恩德極重的緣故，而常常念佛感恩。」

又說：「如果時常發願想要不離諸佛如來的人，那麼此菩薩生生世世所生之處，常常可以遇到諸佛。」

當有人問：「菩薩應當努力去度化眾生，怎麼還會想要時常親近諸佛呢？」

龍樹菩薩回答：「大部分眾生尚未進入菩薩位，尚未達到不退轉之地，還沒被授記成佛的緣故，這時候由於自身力量尚未具足，如果遠離諸佛，便會敗壞種種福德善根因緣，沉溺在煩惱大海之中。假使自己尚且不能自度解脫，如何能夠度化他人解脫？就好比有人乘船，船隻行到河流中央時，突然破損敗壞即將沉沒，此時，如果不會游泳而想要救度他人，讓自己反而先沉入水中，則對彼此都無利益。又比如以少許的熱水，潑灑在大冰池上，雖然暫時融化了一點點的冰塊，但是很快地，這少許的熱水反過來會被凍結成冰。

菩薩若尚未進入佛法修學次第中的不退之位，尚未悟入諸法實相，此時如果遠離諸佛，以自己少許的功德，又沒有智慧方便之力，就想要度化眾生，雖然有些微少的利益，卻反而更加快速地墜落。

聲聞、辟支佛二乘聖人，雖然有涅槃的功德利益受用，但是並不具足一切智慧，因此不能教導發菩提心的大乘菩薩。諸佛世尊由於證得一切種智的緣故，具有無量的智慧方便，所以能夠教導菩薩。就如同大象陷沒在爛泥之中，唯有同樣具有雄力的大象才能救出，不是其他小動物能救的。菩薩如果進入錯誤的道路，只有諸佛如來才能救他，因為只有諸佛才是與菩薩行走於同一菩提大道。

　　其次，菩薩要常常如是想：『我尚未獲得究竟的佛眼，就如同盲人一樣，若是不經由佛陀來引導，則不知趣向，就會錯入其餘二乘或外道的路途之中。』縱然能聽聞到佛法，因不具擇法眼，實際卻是離開佛陀而不自知，而漸行漸遠到別處修行去了，那麼就不知道自己什麼時候該受什麼教化，也不知道自己到底實踐了多少的教法？另外，菩薩若能見佛，如果能夠親眼看到佛，那麼就可以心地清淨。若是親自聽聞佛的法音，那麼心中則會喜愛好樂佛法，得大智慧。只要依循佛陀的教法來修行，就能得到究竟解脫。有以上種種親近如來的無量無邊功德利益，怎麼可以不一心一意想要見佛呢？

　　就好像嬰兒不應該讓他離開母親，又像遠行的道路中不可沒有儲備糧食，大熱天裏離不開涼風和冷水，極寒的天氣裏不能沒有火的溫暖，渡過深水不能

沒有船隻，病人不能遠離好的醫生；而菩薩修行佛法不能夠離開諸佛如來，並且比上面的事情更加重要。父母、親屬、善知識、人、天、國王等，都不能像佛陀一樣地給我們那麼大的利益安樂。如來能夠廣大的利益一切菩薩，使菩薩遠離種種痛苦煩惱之處，進升安住於諸佛如來的究竟圓滿之地。因此，菩薩常欲見佛、不離於佛。」

又有人問：「如何才能夠不離諸佛？」

龍樹菩薩回答：「眾生有無量劫以來累積的罪業因緣，雖然也有修福德善行，但是智慧淺薄稀少。或者雖然有智慧，但是福德善根微薄不足。菩薩上求佛道時，要行生忍和法忍。為了行生忍的緣故，要在一切的眾生之中，發起大慈悲心，因而可以滅除無量劫來的罪業，獲得無量的福德善根。為了行法忍的緣故，必須破除對種種一切法的無知無明，如此便可獲得無量的智慧。如是生忍、法忍兩種行同時和合並修，生生世世即可不離於佛。

另外，菩薩由於常常『喜愛、好樂念佛』的緣故，每在『臨終捨身、再度受生』的生生世世當中，恆常可以親近諸佛。例如有些眾生習氣貪欲心較重，捨生之後獲報淫鳥的身體；瞋恨心較重的，生在毒蟲之類當中。菩薩並不執著貪戀轉輪聖王和人天的福報享樂，唯獨一心憶念諸佛的智慧功德，因此可以常不

離佛，一切眾生都是隨其心念所偏重的一方而住，而必然感應受報得到相應的身形。

其次，菩薩因為常常喜好修習『念佛三昧』的因緣，所生的地方常常可以見到諸佛。如《般舟三昧經》中所說，菩薩進入此般舟三昧之後，即現生往生阿彌陀佛的極樂世界。」

龍樹菩薩悟道因緣

龍樹菩薩自發現「欲為苦本」的道理，與佛陀出家之前所洞察的：即使是人間幸福美滿的帝王式生活，它們（苦樂愛欲）在本質上仍然是空虛的。二位聖者都洞察到了存在本身的不安性，而積極尋求證悟第一義諦。

龍樹菩薩曾造《為禪陀迦王說法要偈》，又名《親友書》（另請見 P104-113），道盡了他發心的因緣：

> 禪陀迦王應當知，生死苦惱多眾過，
> 悉為無明所覆障，吾欲為彼興利益。
> 譬如刻畫造佛像，智者見之宜恭敬，
> 我依如來說正法，大王亦應深信受。
> 汝雖先聞牟尼言，今若聽受轉分別，
> 猶如華池色清淨，月光垂照踰暉顯。
> 佛說六念常修習，所謂三寶施戒天，

修行十善淨三業，離酒放逸及邪命。
觀身命財速危朽，應施福田濟窮乏，
施為堅牢無與等，最為第一親近者。
勤修淨戒除瑕穢，亦莫悕求願諸有，
譬如大地殖眾物，戒亦如是生諸善。
修忍柔和捨瞋恚，佛說是行最無上，
如是精進及禪智，具此六行超生死。
若能在家孝父母，此即名為勝福田，
現世流布大名稱，未來福報轉無量。

　　龍樹菩薩一生中，求法、弘法、破邪、顯正，作風皆極為強勢，折服無數外道，度脫他們到佛陀的甚深了義正法中。龍樹菩薩傳法給提婆菩薩之後，入於三昧，然後如蟬脫殼，無所罣礙地解脫生死。

上文參考以下網頁鏈接：
https://www.modernpureland.org/webc/html/book/show.
php?num=145&page=1&kind=23
及
http://www.a202.idv.tw/a202-big5/Book5001-Dw/D13/D13-5.htm

（林定崧 整理）

龍樹菩薩與咒語

編者按：關於龍樹菩薩相關的咒語，在漢文大正新修大藏經《龍樹五明論》有不少講到咒術的修持。但目前我們最常接觸的往生咒和準提咒，在漢傳佛教寺院《早晚課誦集》是必誦的咒語之一，而這兩個咒語都與龍樹菩薩有一定的因緣。

龍樹菩薩與往生咒

其中往生神咒，全稱「拔一切業障根本得生淨土陀羅尼」，簡稱往生咒，是漢傳佛教寺院《早晚課誦集》中十小咒之一。咒語全文只有 59 個字，往生咒全文如下：

南無阿彌多婆夜　哆他伽多夜　哆地夜他
阿彌唎都婆毗　阿彌唎哆　悉耽婆毗
阿彌唎哆　毗迦蘭帝　阿彌唎哆
毗迦蘭多　伽彌膩　伽伽那　枳多迦唎　娑婆訶

有關咒語來源，有這樣的說法，據稱，昔日龍樹菩薩發願往生極樂世界，夢感阿彌陀佛傳授《往生咒》。可見龍樹菩薩在世時就見過阿彌陀佛，到過淨土。

　　公元 440 年，往生咒由劉宋‧求那拔陀羅所譯，原文注明本咒出自《小無量壽經》，是部已佚的《阿彌陀經》之異譯本。可以説，《往生咒》的出現，其實在淨土的發展史上有重大的意義，因為修行者開始使用咒語，且由只對來生利益的追尋（得生淨土），轉向也兼顧現世利益的獲得的「拔一切業障根本」。

　　淨土是西方極樂世界，阿彌陀經對淨土的境界有詳細的描述，無量色好，無量妙音。那麼淨土到底在哪裏呢？它不在地球上，不在太陽系，亦不在銀河系。它離閻浮提（我們這個娑婆世界）有百千俱胝那由他佛刹，也就是百萬億佛刹之遙。這麼遙遠如何到達呢？盡虛空、遍法界，皆是我們心性的變現之物，不論距離多遠，總不會超出我們心的範圍。既然在心性之內，一念之間即可達到。念力的快速周遍，絕非任何物質所能比擬。光的速度每秒可達三十萬公里，而心的念力在一刹那間（不到一秒）即可周遍無盡的虛空法界。不然，怎麼敢稱心王呢？怎麼説「應觀法界性，一切唯心造」呢？

上文參考網頁鏈接：
http://big5.xuefo.net/nr/article21/213923.html

龍樹菩薩與準提咒

準提咒偈語：

> 稽首皈依蘇悉帝，頭面頂禮七俱胝，
> 我今稱讚大準提，唯願慈悲垂加護。

這首是龍樹菩薩親自撰寫的偈語，也叫做「準提菩薩開咒偈」。這首龍樹菩薩撰寫的開咒偈語，光念的加持力就已經很大了。為什麼念咒之前要念這首偈語？因為這是用來祈請準提菩薩降臨壇場，加持指導修行人。誠心念這首偈語，準提菩薩及其各部護法聖眾，就會立刻受請降臨了。

其實龍樹菩薩本身的果位早已成佛，亦是古佛的分身再來世間傳授佛法，他的佛號是「妙雲相如來」，亦名「妙雲自在王如來」或「妙雲相佛」。

所以修準提法之前念誦龍樹菩薩的開咒偈是很重要的，除了得到七俱胝準提佛母的護念外，還更得到龍樹菩薩的大加持。

八宗共祖龍樹菩薩讚曰：「準提功德聚，寂靜心常誦。一切諸大難，無能侵是人。天上及世間，受福如佛等。遇此如意寶，定獲無等等。」

上文參考網頁鏈接：
https://blog.xuite.net/etazen888/twblog/145838881-%E9%BE%8D%E6%A8%B9%E8%8F%A9%E8%96%A9%E4%BA%A6%E7%82%BA%E6%BA%96%E6%8F%90%E6%B3%95%E7%9A%84%E7%A5%96%E5%B8%AB

龍樹傳略三說

在印度佛教史上被譽為第二釋迦的龍樹（Nāgārjuna），可譯為龍猛或龍勝，據《龍樹菩薩傳》末所說：「其母樹下生之」，「以龍成其道」，「號曰龍樹」。

龍樹的傳記有異說多種，現舉三種如下：

鳩摩羅什譯的《龍樹菩薩傳》（《大正藏》五〇·一八四頁）：説他生於南印度婆羅門家，天聰奇悟，事不再告，先博學《吠陀》、術數、天文、地理、圖緯、祕讖。後與另三個契友，相率學隱身術，出入王宮，淫亂宮中美女，達百餘日，嗣後事敗，三友被殺而龍樹僅以身免，因而體悟「欲為苦本，眾禍之根」，遂入佛教出家。先學小乘三藏，次於雪山塔中老比丘處受大乘經典，因其未得實義而起慢心，故有大龍菩薩見而憐憫，接他入海，在龍宮九十天，讀諸方等深奧經典而體得實利。於是回到南印大弘法化，摧破外道，從事著述。當他教化了南印的國王之後，知有一位小乘法師對他忿嫉，他便退入閑室，蟬蛻而去。

西藏布頓（Bu-ston）的《佛教史》所傳：龍樹生於韋陀爾卜（Vidarbha 今之貝拉爾（Berar），出家於那爛陀，就學於沙羅訶（Sāraha）婆羅門，以及長老羅睺羅跋陀羅（Rāhulabhadra），後在龍

（Nāga）國得《十萬頌般若》。遂到東方的派吐韋沙（Pataveśa）及北方的拘樓（Kuru）等地遊歷，建造寺院，從事著作。最後受一位國王的嗣子沙克帝瑪（Śaktimat）之請，自刎而化。

據玄奘大師《大唐西域記》卷一〇（《大正藏》五一‧九二九頁上）所說：龍樹受到憍薩羅國之王，娑多婆訶（Stavahana 引正）的皈信，為龍樹於跋邏末耆釐（Bhramara-giri 黑峯），鑿山建築伽藍，極盡莊嚴，功猶未半，府庫已因之空虛，龍樹即用藥物，滴石成金，濟成勝業。又因龍樹善閑藥術，餐餌養生，壽年數百，引正王亦得妙藥而壽亦數百，他的嗣子看看繼承王位，遙遙無期，因此向龍樹菩薩乞頭，龍樹自刎壽終，王亦哀痛而死。

以上第一及第三說，頗有演義性質，未必盡為史實，但也確有某程度史實存在其中。大致上說，龍樹出生於南印，先受案達羅大眾部的感化，次在有部出家，進而受《般若經》及《華嚴經》的影響而弘大乘，他雖遊歷全印度，他的活動則以南印為主，由於感化南印一位原來信奉外道的國王皈佛，大乘佛教乃得盛行。關於龍樹的年代，異說甚多，大致推定在西元一五〇至二五〇年之際，已為近世學者的多數公認。

上文轉載自法鼓全集：
《印度佛教史》第九章
龍樹系的大乘佛教及其後的經典／第一節 龍樹菩薩 P. 210 及 P. 211
鏈接：http://deva.dila.edu.tw/ddc2/books/02-01/sections/120

因吉祥草而往生因緣的故事

印度的龍樹菩薩，是一位偉大的成就者，他有個好朋友叫做樂行國王。雖然外表上，一位是中觀論的大師，一位是國王，但是因為兩人是同年同月同日生，是同一條命所轉生的兩個化身，所以他們最後往生的時候，也會一起往生，兩人的壽命是一樣的長。

因為龍樹菩薩已經成就了壽命自在，可以非常長壽，當時活到了九百多歲，所以樂行國王也就一直不死。因為國王一直在位，所以九百年來，所有的王子相繼去世，都沒有人得以繼承王位。

後來，有一位王子很想登上王位。有一天，他的母后親手做了一件非常漂亮的五彩錦緞彩衣給他，這件彩衣沒有任何的接縫，他一看到這套衣服非常歡喜，就告訴母后說：「等我登上王位的時候，再穿上這套衣服吧！」

可是他的母后對他說：「你以前有很多的哥哥和很多的媽媽都往生了，你根本就沒有登上王位的機會。」他覺得很奇怪，就問說：「爸爸年紀那麼大了，有一天當然會駕崩，換我當國王呀？」

他的母后說：「因為你爸爸和龍樹大師是同一條命，而龍樹大師已經成就壽命自在，是不會圓寂的。

你不要期待你的父王會往生。」

這位王子聽了很難過，可是也不知道該怎麼辦，就問母后：「我應該用什麼方法得到王位呢？」他的母后說：「龍樹大師是位大菩薩，很慈悲，只要有人有所求，一定會布施，你去試試看，請求龍樹大師布施他的頭，除此之外，沒有其他的辦法了。」

於是，他就前去請求龍樹菩薩，布施頭給他。當他向龍樹菩薩作這個請求時，龍樹菩薩很坦然地對他說：「可以啊！你自己拿刀來砍啊！」

這位王子就叫人拿刀子來砍，砍來砍去，都砍不斷龍樹菩薩的頭。那把刀砍在龍樹菩薩的頸子上，就像在虛空中，晃來晃去一樣；他又用繩子來綁，也綁不住，使得這位王子精疲力盡，毫無辦法。

最後，龍樹菩薩很慈悲地告訴他說：「我在五百年前，就完全清淨了用兵器砍殺的異熟果報，所以用任何兵器，都無法砍我的頭；如果你真的想要我的頭，你最好去找一根吉祥草來。」

原來，以前在出家眾結夏安居的時候，龍樹菩薩是專門管戒律的掌堂師，為了表示保障的道場已經清淨了，沒有任何的障礙，地上有鋪吉祥草的習慣，所以他到外面去找吉祥草來鋪，讓大家可以安心在道場

修行。就在他去採割吉祥草的時候，不小心殺了一隻小蟲子。

雖然這是無心之過，但是也造了殺業，在他修行成就的過程中，所有的罪業都已經被懺悔清淨了，只剩下這個惡業，沒有被懺悔清淨，所以他說：「我只剩下殺害這隻小蟲的這點異熟果報，還沒有清淨，所以現在只有用吉祥草，才可以取下我的頭，拿我的性命。」

於是，這位王子就取了一根吉祥草，輕輕地就切下了龍樹菩薩的頭。當下，樂行國王就和龍樹菩薩一起往生了。

龍樹菩薩與《華嚴經》

《華嚴經》流出人間的傳説故事怎麼説?

　　《華嚴經》的故事,話説佛陀這組説法的內容(即《華嚴經》)後來由文殊菩薩與阿難尊者結集起來,文殊菩薩見機緣未具,決定暫將《華嚴經》收藏「龍宮」內。人間歲月計算的五百年至七百年後,「龍樹菩薩」住世(「龍樹」是真正的歷史人物),當時「大乘佛教」在印度已出現了一百多、二百年,龍樹在南印度讀過某些大乘經,但流傳數量不多,他感覺不足,於是遊遍印度各國搜羅大乘佛經,但所得的皆殘缺不全。

　　後來他在北印度雪山(喜瑪拉雅山)碰上「大龍菩薩」(或「大龍比丘」),「大龍」將他引入「龍宮」,據稱龍樹獨坐一「水精」地台密室中(暗示他正在禪定、入定),「大龍菩薩」即能將他引入大海「龍宮」。在「龍宮」裏龍樹研讀了不少深奧的大乘佛典,他將《十萬頌般若經》、《華嚴經》、《法華經》等大乘佛典取回人間,著手整理後加以弘揚。

　　另有傳説《十萬頌般若經》是龍樹菩薩從「龍地」取回印度(「龍地」並非傳説中的「龍宮」,話説是當時中亞洲的「大夏國」),故稱「龍藏」。「龍藏」在人間出現,是佛陀入滅後約五百年,即大乘佛教崛

起以及龍樹在世的時代。另外話説龍樹也在南印度的「南天鐵塔」中取得密教典籍，然後將其傳到人間。

又稱龍樹當時在「龍宮」見到上、中、下三本《華嚴經》，他認為上、中兩本過繁，不宜人間，於是只將下本（十萬偈本）取出。無論真相如何，據説西藏譯出並保留了這「十萬偈本」。

上文轉載「香港佛教聯合會」網頁鏈接：
http://www.hkbuddhist.org/zh/page.php?p=booklet_attachment&page=10
&cid=7&kid=2&attach_id=837#3

龍樹菩薩弟子：提婆菩薩傳

　　提婆是龍樹眾多的弟子中最傑出的一個。南印度獅子國人，即今斯里蘭卡。傳說他是王子，最初學習婆羅門學說，天賦絕頂聰明，博學廣識。年輕時很自負曾說：「天下的學問我已學到十之八九了，就苦還沒有人能信用我。」

　　提婆的左眼瞎了。有這麼一段傳說：獅子國有一大廟，廟裏塑著一尊天神，號「大自在天」，像身有數十米高，屹立在大殿中央。每日燒香者不斷，但殿門永遠關著，善男信女只在殿門外磕頭求禱。一日，提婆來到神廟，一定要開門進去。守廟的阻止說：「天神威靈顯赫，會惹怒他的，殿下還是不進去為好。」提婆說：「天神既然立了像，自然讓人觀瞻，不然塑了像幹什麼！」守廟的說不過他，加上他又是王子，只得開門讓他進去。

　　提婆踏進殿內，果見天神高大無比，橫眉怒目，對他似有慍色。提婆對神問道：「你既然是天神，受四方供奉，就應該以智慧感人，為什麼要以威風嚇人呢？我今挖掉你一隻怒目，人們見你就不會畏懼了。」說著，就從像身背後的梯子拾級而上，真的挖去了天神一隻眼睛。然後大開殿門，鼓勵燒香者大膽進去。

　　是日，提婆憑他的聲望和智慧，廣泛羅致各種精美供品，當夜供奉天神。那天神現形前來受供，身軀甚為高大，酷似白天所見的「大自在天」。天神說：「你對我說的話我都聽見了，其實我的本來面目並不那麼可怕，是塑像人出於敬畏之心所為。我很佩服你的膽識，你是以心敬我，而別人的敬我，乃是畏我、諢我。」

　　提婆說：「那您對我有什麼要求呢？」天神說：「我的一隻眼睛被你挖去了，現在我要向你討還。」提婆問：「那我怎樣償還呢？」天神說：「也用你的左眼，就看你有沒有勇氣！」提婆說：「這有何難！」當即把自己的左眼挖下奉給天神。天神讚歎說：「你這真是無上的布施啊！」

　　獅子國與龍樹菩薩所在國僅一水之隔。提婆聞龍樹之名，少年氣盛，自恃學問淵博，又長辯才，心中不服，就想去與龍樹辯論。

　　龍樹也聽到提婆的名聲，聞他前來，就叫一個弟子端了一滿鉢清水，不許說一句話，出來相迎。提婆見到迎者手捧一鉢清水，不吭一聲，心中會意，就從身上取下一枚針來，投入鉢中，也不說一語。這兩人打的是什麼啞謎呢？原來龍樹的意思是，我的胸懷似清水一般，滿而不溢；提婆的意思是，我的見解如針沉水，一探到底。那弟子回到裏面，龍樹見到水底一

根針，又聞不說一句話，佩服提婆十分聰明，就親迎入內。

提婆原來是來辯論的，但一見到龍樹面容慈祥，出言和善謙遜，已是敬佩了三分，就不言辯論之事，先和龍樹交談起來。兩人交談了一整天，提婆凡有所問，龍樹必有所答，而且答的十分圓滿。提婆深為折服，自覺遠非龍樹對手，難探其源，感到佛法博大精深，遠超婆羅門學說之上，遂放棄了原來信仰，甘拜龍樹為師。而龍樹自感已屆暮年，大乘學說還沒有滿意的弟子繼承發揚，今見提婆聰明蓋世，足堪傳燈，十分欣慰，於是悉心傳授。從此以後，提婆放棄了驕慢之心，如饑如渴地隨師學習數年。

中印度摩揭陀國原是盛行佛教，此時卻被其他外道勢力侵佔，壓制佛徒，不得在寺院擊打犍椎集眾，這實際上是禁止佛徒活動，企圖扼殺佛教。此事被龍樹聞知，心中不適，就想到摩揭陀去找外道辯論，挽回頹勢。提婆自告奮勇，勸說：「師父年紀老了，不堪跋山涉水，還是讓我去吧。」開始龍樹不怎樣放心，就自扮外道，叫提婆先與他演習了好幾天，龍樹見屈不了他，心頗滿意，便放心地讓他去了。

提婆到了摩揭陀國，立即在王城建起論壇。寫明了辯論的主題：（一）一切諸聖中佛為第一；（二）一切諸法中佛法為第一；（三）一切道人中佛僧為

第一。又説八方論士若能辯勝此者，我願斬首以表屈服。

摩揭陀國的婆羅門和諸外道論士，聽到龍樹的弟子敢來論壇辯論，而且發出豪言壯語，便都趕來參加盛會。有的論士看到提婆的誓約，不甘示弱，也立誓道：「你既敢拿性命打賭，那我們也照章辦理，如果我們辯不過你，也願殺頭！」提婆笑道：「我要你們的腦袋何用，我只要剃除你們的鬚髮，老老實實的做我弟子就可以了。」

哪知經歷了三個多月，沒有一個人能辯得過他。不但如此，有不少論士雖然輸了，但都心眼亮了，情情願願拜提婆為師。更有許多沒有參加辯論的外道，聽到提婆的論點圓滿有理，得到開悟，也自願皈依正法。前後化度了近百萬人。從此，佛教在摩揭陀國又重新興旺起來。人們為了紀念此次盛會，特地建了一座犍椎塔，來頌揚提婆的功勳。玄奘大師到摩揭陀國（建都王舍城）時，還瞻仰過此塔。

之後，提婆又到中印度及北印度諸國弘傳大乘佛法，收了不少弟子。晚年他回到南印度去，其時龍樹大師已經離世了。南印度有一國王不信佛教，提婆也親自前去教化了他。

提婆在晚年隱居山林，專門著書立説，弘傳大乘

佛學。他一生中曾和不少外道進行過辯論，晚年亦不放棄口誅筆伐。有一個心胸狹隘的婆羅門年輕外道，見師被提婆屈服，心裏很不服氣，屢想報仇。他發誓說：「你提婆以口勝我師，我要以刀勝你！」一直暗暗跟蹤提婆，找機會行刺提婆。但提婆弟子眾多，無從下手。

一日，終於被他得到了機會，看見提婆在大樹下坐禪，他就縱身跳到提婆跟前，忿怒地說：「提婆，你這老瞎子，你知道嗎，我已經跟了你很久了，過去你以利口戰勝我師，而今我要以快刀劈開你腹，看看誰厲害！」說罷舉刀就砍。

但提婆沒有就死，他心無怨恨，反而憐憫那年輕人的魯莽行為，誠懇地對他說：「年輕人啊，學術上的爭論哪有用刀劍來代替的？你毀了我肉體毀壞不了佛法。你是被無明烈火燃燒得神智昏迷了，我可以原諒你的愚昧無知。你快逃到山上去吧，暫時不要下來。我的弟子們快要回來了，他們中有不少人還沒有獲得『法忍』（心能安住於實相之理叫法忍），他們必不饒你。」那年輕人聽了，愕住了！提婆接著說：「你這所作所為，是沒有受過佛法教化，個人情見太重，為愚癡所欺，為狂心所惑，我不會計較你，快逃命去吧！」那青年外道見提婆竟如此寬恕他，怎忍再砍第二刀，反而跪下來懺悔認罪。提婆催他快走，他只得逃上山去了。不一會，眾弟子回來。見師倒於血

泊之中，大吃一驚！沒有證到「法忍」的，果然怒火中燒，捶胸號啕，要追趕賊子報仇。此刻提婆尚未氣絕，竭力地用微弱之聲勸阻道：「行刺者早已遠去了，原諒他吧，他是被妄心愚見所驅使。我已到了暮年，終有一死，怨怨相報，必無了期，佛法講的是無我、能忍，我要你們寬恕他吧！」說畢，瞑目而寂，面無一點憎恨之色。

　　提婆著作甚多，流傳後世的有《百字論》，《廣百論》等。最後的著作是《百字論》。傳說是提婆被刺以後，在未死之前，用自己鮮血寫下來的。它的內容是破除各種邪見，是一卷最概括、最扼要的著作。懂了它也就懂得了他的其他著作的基本精神了。

上文轉載「佛教青年協會」網頁鏈接：
http://www.bya.org.hk/quarterly/155/history_2.htm

唐宋漢地龍樹菩薩醫療神信仰

上海社會科學院哲學研究所

白照傑博士

龍樹菩薩（Nāgārjuna），又譯龍猛、龍勝、龍木等，而對龍樹作為「神」的信仰問題則罕有涉及，所以本章對龍樹菩薩的醫療信仰問題進行探究。

有關龍樹菩薩的傳説、著作文獻眾多，據方廣錩統計，僅現存掛名龍樹的漢文著作就有 20 多部，藏文著作有 100 多部，但在中國漢地歷史上，曾出現過以龍樹菩薩為核心的醫療信仰，以龍樹菩薩形象精通醫術的佛教人物或神靈，主要反映在三種材料中，一是託名龍樹所著的醫書，二是有關世俗生活的文獻，三是佛門經書。

一、託名龍樹菩薩的醫書

《龍樹菩薩藥方》一書見《隋書・經籍志》（656）醫方類書目，錄有四卷。又詩人元稹（779-831）在《春月》詩中説道：

> 復有比丘溢，早傳龍樹方。
> 口中秘丹訣，肘後懸青囊。

元稹寫道比丘溢精通醫術和丹法，詩中所謂的

「龍樹方」當即指《龍樹菩薩藥方》。且元稹提及比丘溢所習之佛門醫術時，唯說到「龍樹方」一書，可見此書在當時具有一定影響。南宋鄭樵（1104-1162）《通志‧藝文略》成書於 1161 年，書中亦著錄此書。其中有關《龍樹菩薩藥方》的材料明顯抄自《隋書‧經籍志》。

再有《龍樹菩薩養性方》，初見成書於 656 年的《隋書‧經籍志》醫方類書目中，錄有一卷，此書冠以「方」名，且與《引氣圖》、《養生術》等書前後排佈，其內容當為主涉養生和氣的方法和方劑。成書於清乾隆年間的《欽定續通志》中也著錄此書，其內容當抄自《隋書‧經籍志》。蔡景峰認為《佛說養生經》內容主要也是養生為主，其作者「陸珠」是藏文「龍樹」的發音，因此懷疑《龍樹菩薩養性方》是《佛說養生經》的異名。

還有《龍樹菩薩和香法》初見於隋（581-618）費長房所編《歷代三寶紀》，錄有一卷，注明書中有和香方法五十種。

至於《龍樹咒法》最早見於《通志‧藝文略》，錄有一卷，列於「病源」類書目之下。中國傳統醫學有禁咒一科，唐代名醫孫思邈（581-682）在其《千金翼方》中寫道：

醫方千卷，未盡其性，故有湯藥焉，有針灸焉，有禁咒焉，有符印焉，有導引焉，皆救急之術也。

可見某些禁咒之法也被視作醫術，且據《唐六典》載，唐代太醫署下設置禁咒科，如此看來，列於「源」類下的《龍樹咒法》確是醫書無疑。

另外，託名龍樹的眼科醫書主要有《龍樹眼論》（又稱《龍樹菩薩眼論》）和《眼科龍木論》（又稱《秘傳眼科龍木論》）等，前者普遍認為成書於唐代，在朝鮮金禮蒙編纂的《醫方類聚》（成書於 1445 年）中尚存；而後者普遍認為成書於宋元，至今尚有明之後的抄本傳世。二書對中國傳統醫學的影響較大，故早已引起學界重視。陳明舉、季羨林、余楊桂、Vijaya Deshpande 等先生已指出龍樹眼科類醫書中的很多內容來源於印度醫學，楊鴻及和中浚指出《眼科龍木論》中的「龍木」是宋代避英宗趙曙（1063-1067 在位）之諱背景下對「龍樹」的稱呼，並指出此書是在因襲《龍樹眼論》的基礎上增補而成。《龍樹眼論》一書不見於唐代目錄書中，但白居易（722-846）《眼病》一詩中說到：

眼藏損傷來已久，病根牢固去應難。
醫師盡勸先停酒，道侶多教早罷官。

案上漫鋪龍樹論，盒中虛撚決明丸。
人間方藥應無益，爭得金篦試刮看。

白居易晚年深受眼疾之苦，其中所提及的「龍樹論」當便是眼科文獻《龍樹眼論》一書。但在唐代其他文獻中並不見此書著錄，因此此書成書很可能在唐中期。最早著錄此書的漢地文獻為《崇文總目》（成書於1041），錄此書為一卷。後晁公武（1105-1180）《郡齋讀書志》著錄此書，錄有三卷，並云：「右佛經，龍樹大士者，能治眼疾，或假其說，集治七十二種目病之方。」注解明晰，可見晁氏亦當親覽此書。在藤原佐世（828-898）《日本國見在書目》中著錄有《龍樹弁眼經》一卷，如此書是《龍樹眼論》在日本的異名，那麼至少在唐後期當存在一卷本《龍樹眼論》。

另外，《宋史》記載神宗（1068-1085）時太醫局的教學內容為：

設三科以教之，曰：方脈科、針科、瘍科。
凡方脈以《素問》、《難經》、《脈經》為
大經，以《巢氏病源》、《龍樹論》、《千
金翼方》為小經。

太醫局學生都必須學習《巢氏病源》、《龍樹論》、《千金翼方》，可見此三部書在當時醫學界的重要性極高。學界普遍認為其中所謂的《龍樹論》就

是《龍樹眼論》，但此看法仍存在一些疑問。但鳩摩羅什（344-413）所翻譯的《龍樹菩薩傳》中提到一個重要的醫藥類傳說，即龍樹可以依靠藥物的氣味等特徵來辨別藥材，這一傳說為以後所有的龍樹菩薩傳所繼承，因此辨別藥物易於成為龍樹的重要醫藥信仰特徵。其次，結合《宋史》中太醫局的教授文獻，《巢氏病源》主教辨症，《千金翼方》主教方劑，二者之間尚缺乏辨識藥物這個重要的中醫學環節，如果《龍樹論》確實是以辨藥為主要內容，三部書之間的平衡和互補的內在聯繫將得以建立。

綜觀託名龍樹菩薩的醫藥類著作共計有《龍樹菩薩藥方》、《龍樹菩薩養性方》、《龍樹菩薩和香法》、《龍樹咒法》、《龍樹眼論》（又稱《龍樹菩薩眼論》）和《眼科龍木論》（又稱《秘傳眼科龍木論》）五部見於著錄。從流傳上看，這些著作始見於隋朝，活躍於唐代，宋元以後在漢地逐漸亡佚不傳。

二、世俗生活相關材料反映的龍樹信仰

龍樹菩薩在「信仰」獲得神性的歷史現象則在一些與古代社會生活相關的材料中有所反映。

黃休復（約活躍於北宋咸平四年【1001】前）在《益州名畫錄》中記載了據稱是唐咸通年間（860-874）入蜀的常粲的傳神雜畫中所說的「龍樹驗丹圖」將龍樹菩薩和藥物冶煉結合在一起。由於常粲所作其

他圖像就內容上來說在唐代都較為流行，「龍樹驗丹圖」的內容基本也可以認為是為大眾所接受的龍樹形象，因此這一記載初步反映了作為「醫療神」的龍樹形象最晚在唐代中後期便為大眾所接受。明代曹學佺（1574-1646）在其《蜀中廣記》中照錄了黃休復的記述。

志盤（活躍於南宋末期）的《佛祖統紀》雖是佛教內部資料，但記載了不少世俗生活中的傳說故事。此書卷四十五中有一個與龍樹相關的醫療傳說：

> 蜀人李士寧有道之士，得軒轅古鏡洞見遠近。學士蔡君謨，聞而惡之。一夕夢為虎逼，有人救之。謂君謨曰：「公貴人也，但頭骨未正。」乃以手按之。夢覺頭尚痛。明日士寧往謁焉，即夢中所見者。後出守閩中，士寧復往見。君謨告曰：「久患目疾，夜夢龍樹菩薩何也？」士寧即袖中出畫像，宛如夢中，兩目明視如故。

故事中蔡君謨（蔡襄，1012-1067）夢中遇虎，為有道之士李士寧所救。後蔡君謨出守閩中，李士寧第二次拜訪。蔡君謨告知自己久患眼病，夜裏夢到龍樹菩薩，不知原因。李士寧於是出示了龍樹菩薩的畫像，蔡君謨認出畫中龍樹菩薩形象與夢中所見相同，長年眼疾神奇地痊癒了。這則安放在北宋蔡襄身上的

龍樹菩薩可以治癒眼疾的傳說故事，可以與在宋代比較著名的《龍樹眼論》建立聯繫。從上文對託名龍樹菩薩的醫書的考證可知，唐代託名龍樹的醫書種類尚多，但宋代以後則唯眼科類醫書傳世，因此龍樹醫療特質中眼科方面的能力自然地被凸顯出來。志盤記載的這則故事便是龍樹眼科能力凸顯的一個反映。

元代張鉉所編的《至大金陵新志》卷十三中吸收了這個故事，並在情節上進行了一定的增飾：

> 李士寧道人，蓬州人。先得涂氏所藏軒轅山鏡，洞見遠近。蔡君謨以道自任，聞先生之名，望風惡之。君謨一夕夢為虎所逼，有一人救之。虎既去與之坐，曰：「公貴人也，但頭骨不正。」手為按之，曰：「骨已正矣。」夢覺頭尚痛。翌日士寧謁君謨，謂曰：「夜夢頗驚惶否？」君謨愕然，視其狀乃夢中逐虎正骨者，遂異之。後出守閩中，士寧經由謁君謨。君謨說：「久患目疾不愈，昨夜夢龍樹菩薩，豈有先告之驗乎？」士寧即於袖中出畫本視之，一如夢中所見者。既而瞠目視君謨須臾，兩目豁然明快。

《至大金陵新志》的記載在整體上不出《佛祖統紀》的故事範圍，但在個別情節和語言上進行了增飾，如李士寧由「有道之士」變為「道人」，軒轅鏡

得自塗氏等。特別值得注意的是，文中提到李士寧出示龍樹菩薩畫像，蔡君謨發現與夢中龍樹形象吻合，「既而瞠目視君謨須臾」，蔡君謨因此眼疾痊癒。其中「既而瞠目視君謨須臾」的主語不甚清楚，也就是說治癒蔡君謨眼疾的神力來自於李士寧還是龍樹菩薩猶存猶豫。但據上下文來看，故事以神化李士寧為核心，且在句法的結構上，士寧「瞠目」也更合邏輯，因此主語應是李士寧無疑。故事在此處的改造，使治癒眼疾的「醫生」發生了變化，龍樹菩薩的作用被降低了。

志盤所敘述的故事中，蔡君謨的眼疾是為龍樹菩薩的神力所治好的，這符合彼時託名龍樹的眼科醫書較為流行的歷史背景，而張鉉的描寫雖然突出了作為故事核心的李士寧，但是卻無法解釋蔡君謨原本具有暗示性的提問「久患目疾，夜夢龍樹菩薩何也？」在志盤的敘述中，蔡君謨的提問暗示到「龍樹菩薩」和「目疾」之間存在一定的聯繫，龍樹菩薩的神力最終順理成章地治癒了蔡君謨的眼疾；而在張鉉所編輯的故事中，龍樹菩薩的主要功能被改為「有先告之驗」的預言者，而不是意識到龍樹醫療（特別是眼科醫療）信仰的存在。這一變化至少在一定程度上可以說明，龍樹菩薩醫療信仰在元代以後逐漸邊緣化。

可見龍樹菩薩醫療信仰在世俗中存在時間主要是唐中期到兩宋時期，元朝以後逐漸消失。

三、佛經反映的龍樹菩薩醫療信仰及其形成原因

編者推測，在漢地世俗傳說中有所反映的龍樹菩薩醫療信仰，其信仰動力主要是唐代密教傳統的渲染和推崇。通過對相關材料的研究，可以挦出一條龍樹菩薩醫療特質逐步被突出的線索，這條線索最終誘發了佛教內部和漢地世俗的龍樹菩薩醫療信仰。

漢地佛教資料中最早與龍樹菩薩醫療特質產生關係的是鳩摩羅什所翻譯的《龍樹菩薩傳》，傳中敘述龍樹出家之前，「天文地理、圖緯秘讖及諸道術無不悉綜」，後與三友求隱身藥於術士，此事與龍樹菩薩醫療特質有密切聯繫。文曰：

> 術師念曰：「此四梵志擅名一世，草芥群生，今以術故屈辱就我。我若咒法授之，此人才明絕世，所不知者唯此賤法。若得之便去，不復可屈。且與其藥，使日用而不知，藥盡必來求，可以術屈為我弟子。」各與青藥一丸告之曰：「汝於靜處用水磨之以塗眼瞼，則無有人能見汝形者。」龍樹菩薩磨藥聞氣，便盡知藥名，分數多少，錙銖無失，隨其氣勢。龍樹識之，還語術師此藥有七十種，分數多少盡如其方。藥師問曰：「汝何由知？」答曰：「藥自有氣，何以不知。」師即歎伏。

這則材料中有兩個值得格外關注的地方，其一是術士給予龍樹四人的隱身藥是一種外用眼膏，其二是龍樹通過藥物的氣味等因素可以辨別成藥的具體成分。這兩個要點與之後龍樹眼科醫書及龍樹治療目疾信仰的形成存在關聯，而正如前文所述，其中龍樹辨識藥物的能力很可能在宋代太醫局考試中的《龍樹論》一書裏被鋪展開。自鳩摩羅什之後，龍樹的這則故事便廣為人知，但在現存漢地佛教書籍中，直到唐代以前並不見反映龍樹醫療特質的其他材料。

龍樹醫藥信仰的佛教數據在唐前期道宣（596-667）的《續高僧傳》中再次出現，書中一則建寺故事裏提到：「龕中石像形極偉大。寺成之日，龍猛就山以藥塗之，變成紫金。」而後在道宣的《釋迦方志》和《集神州三寶感通錄》兩書中也記述了類似的故事。故事中龍樹菩薩具有以神藥「滴諸於大石並變為金」的神奇能力，三個版本的故事反覆強調龍樹菩薩使用神藥的環節，特別是《釋迦方志》在故事的結尾還給出寺廟建成之後的一則信息：

> 今惟淨人守護，其數極多。彌密其穴，不可輒見。又結法藏後，一切諸經並此山中，不許持出。近有引醫方者，入中療病後蒙面而出。故罕有達者。

材料中患病之人可以入寺窟中參考其中的醫方療

病，這一點更是將龍樹與醫療信仰緊密聯繫。

　　雖然龍樹菩薩醫療信仰在唐前期逐漸顯露，且在此時託名龍樹菩薩的醫書也早已出現，但是從此時漢地世俗傳說資料和佛教資料中，仍找不到更直接的龍樹「作用於人」的醫療資訊。顯然，龍樹醫療信仰在此時的漢地尚無廣泛影響。然而，到了唐中後期，佛教資料顯示這一情況發生了變化。唐中期，伴隨著善無畏（637-735）、金剛智（671-741）、不空（705-774）、一行（683-727）等僧人的努力，以秘法咒術為重要特徵的佛教密教在漢地迅速發展開來。龍樹菩薩之於唐代密教有特殊的重要性，據傳金剛智即向龍樹菩薩或其弟子學習密教法門，因此龍樹被唐代密教傳統定為三祖。龍樹菩薩的形象在唐中後期的漢地密教典籍中時常出現，其中不乏對其醫療能力大加渲染的文字。題為不空所譯的《佛說金毗羅童子威德經》中便有大量龍樹醫療信仰的記載。經中說到，佛在忉利天說法，會中藥王菩薩感於佛所說陀羅尼，而講說數十種帶有神秘色彩的醫療方法，繼而座中的龍樹菩薩起身助佛說法，其所說法皆為奇藥方劑，不僅有多種針對常見疾病的藥方，甚至還有起死回生、變化形狀、隱遁身體、呼風喚雨等神藥，所說藥方數量種類甚至較藥王菩薩更多。疑為唐代密教經典的《龍樹五明論》中也鋪張地敘述了龍樹菩薩的醫藥能力，給出大量方劑，其中最值得注意的是「服香方法」一節。此節以如何製作和服香為主要內容，與前文所論之

《隋書・經籍志》著錄的兩卷《龍樹菩薩和香法》之間當存在密切聯繫。又《仁王經疏法衡鈔》等唐代密教材料多突出「龍樹菩薩有勝妙藥，能隱身騰空入水不溺等」能力。

綜上所述，中國漢地的龍樹菩薩醫療信仰在唐代最為興盛，其背後的推動力主要來自於佛教，特別是唐中後期的密教傳統的推崇。宋代以後龍樹醫療信仰的逐漸淡化，當與密教在中國漢地逐漸退出存在因果聯繫。

目前中國南方不少地區均存在「龍樹大聖」或「龍樹大醫王」的信仰，此信仰常被歸屬於民間道教，尤其與所謂瑜伽派者存在關係。所謂瑜伽派者，多少有些密教的因子，此或可輔證唐宋時期漢地龍樹菩薩醫療神信仰之展開確與密教之傳播存在直接關聯。

藏傳佛教的龍樹菩薩故事

藏傳佛教的龍樹菩薩

在佛陀涅槃四百年之際，大聖主龍樹菩薩終於誕生於世。

龍樹菩薩的降生地，為印度南方的碑達巴。當時，一位當地的大婆羅門（龍樹菩薩之父）正苦於膝下無子。一天，他在夢中得到授記：如果向一百位婆羅門做法宴齋食，就會得到一個兒子。心急如焚的婆羅門趕緊照辦，不久，一個男童（龍樹菩薩）終於在期待的目光中出生了。

令人掃興的是，相士卻預言道：雖然嬰兒的面相很賢善，但他的壽命卻只有七天。聽到這一消息，原本欣喜若狂的父母一下子被打入了冰窖。不知所措之際，他們連忙向相士討教，希望能找到一個化解之方。相士回答說：「如果能向一百位婆羅門做法宴齋食，就會將壽命延至七個月；如果能向一百名比丘做法宴齋食，壽命就能增至七年。除此之外，就再也沒有其他辦法了。」聽完相士的回答，黔驢技窮的父母也只好遵循此策。

隨著七年期限的逼近，做父母的實在不能忍受眼睜睜地看見親生兒子的屍體出現在自己跟前，經歷白髮人送黑髮人的遭遇。不得已，只好將年幼的龍樹和僕人逐出家門。

主僕二人從此浪跡天涯，四海為家，經歷了漫長而艱難的漂泊歷程，他們先朝拜了羯沙流波坭（梵文譯音，意為空行，觀音菩薩一古化身立像），隨後又流落到那爛陀寺的羅睺羅門前。歷經滄桑的龍樹心事重重，百感交集地以婉轉悠揚、令人心碎的腔調唱起了吠陀經。哀怨的誦經聲打動了大婆羅門，他將菩薩童子請進了家中，並關切地詢問事情原委。

龍樹菩薩只得將自己的身世原原本本地娓娓道出。大婆羅門聽完後，出乎意料地回答說：如果能夠出家，就能免遭此難。山窮水盡的龍樹連忙答應了將來出家的安排。

大婆羅門羅睺羅在壇城中授予龍樹菩薩無量壽佛摧伏死主灌頂，並囑咐他務必精進持誦密咒，特別是在第七年的最後一個晚上，更是要通宵達旦徹夜念誦。依此良策，終於使他擺脫了死主的圍困。

八歲那年，他削髮出家，不久便對一切世間學科，以及大小乘的所有經典通達無礙。

之後，他拜見了早已心灰意冷的父母。意外的重逢，使二老喜出望外、信心倍增。

他又向大婆羅門請求，希望能將其餘的吉祥密集等眾多密法予以傳授。一直對他暗中欣賞的大婆羅門

於是欣然將續部、耳傳竅訣及教誡傾囊相賜。

隨後，他又在親教師前得受近圓戒，法號具德比丘。尊者以這種勇於進取的方式，在那爛陀寺圓滿地聽受了三藏四續的所有傳承。最主要的是，由於歷世以來一直受到至尊文殊菩薩的攝受，尊者此生也在文殊菩薩化現成天子形象的智寶菩薩前恭聆了所有顯密勝法，並將本師釋迦牟尼佛於此世間宣說的一切顯密秘密奧義徹底了達於心。

此時，一場嚴重的飢荒正在四處蔓延，很多地方都呈現出一片赤地千里、餓殍遍野的悲涼景象。那爛陀寺僧眾們的生存也面臨著前所未有的困厄。於此危急關頭，長老羅睺羅賢任命龍樹菩薩擔當那爛陀寺安居執事的重任，令其負責僧眾們的飲食起居。

受命於危難之際的龍樹菩薩慷慨應命。他在寺廟中以點金劑將大量紅銅變為黃金，並以此黃金從無有飢荒的地區換回了稻穀、青稞等所有生活資具，使該寺僧眾在十二年的飢饉中沒有受到絲毫困擾。

隨著時間的推移，失毀戒律的行為日益猖獗，並開始遍佈各地，佛教內部的律藏受到了極其沉重的打擊。龍樹菩薩不忍心看到衰落場面的出現，於是將失壞戒律的數千僧人毫不容情地予以擯除，又為具緣諸眾廣為闡演三藏妙法，尤其是將律藏勝法作為彰揚重點。

有如當年世尊在鹿野苑初轉法輪敷演四諦妙法一般，當時的智者們，將龍樹菩薩三次出大妙法音中的第一次——興利除弊、激濁揚清，整治戒律衰敗之行，共稱為「戒律大法音」。

　　此時，魔王波旬出世，並化現成名為「行樂比丘」的僧人。他撰寫了大量污蔑詆毀大乘佛法的論典，使大乘佛教的見解與行為都面臨著極大的威脅。龍樹菩薩力挽狂瀾，將各種討伐邪說、遏惡揚善的理證廣為傳播，使荒謬邪見遭到了致命的迎頭痛擊，終致奄奄一息，甚而一蹶不振。

　　尊者乘勝追擊，又向各道各階層的具緣者廣宣三藏妙法。一次，有兩位少年也加入了聞法者的行列。令人驚奇的是，在他們周圍，彌漫著一股濃郁而沁人心脾的芬芳，及至尊者身前，香味忽然消失。尊者問其原委，兩位童子回答道：「我們是安止龍王的兒子，來到人間就需用果協喀檀香（喜瑪拉雅山所產的一種白旃檀）護身。」龍樹菩薩又問道：「能給我一些這種檀香嗎？」龍子回答道：「待我們請示父王之後，才能答覆於您。」

　　隨後，二位龍子趕緊返回龍宮向龍王稟報。龍王回答說：「如果龍樹阿闍黎能光臨龍宮，我們將予以供奉。」

　　得知龍王的條件之後，具有遠見卓識的龍樹菩

薩，瞻矚到令龍界無量所化諸眾能培植善根，以及迎請《般若十萬頌》等經典的諸多必要，於是應邀前往龍宮。

以安止龍王等大力龍王為首的無數行善龍眾，在向尊者供養了數不勝數的供品之後，便抓住時機祈求傳法。

諸龍之請正中尊者下懷，龍樹菩薩因勢利導，向龍王及其眷屬細緻入微地解說了善妙佛法。深感受益匪淺的眾位龍王捨不得尊者就此離去，便極力挽留尊者能常駐龍宮。

尊者婉言相拒道：「我此行的目的，是為了籌集修建千萬佛塔的檀香，以及迎請各類經函，實在沒有空閒久住龍宮。不過我可以答應你們，將來我一定會重返龍宮的。」

眾龍王見勸說無效，遺憾之餘，只好將大量檀香、《般若十萬頌》以及眾多《陀羅尼經》恭送予尊者，令其攜至人間。為了確保龍樹阿闍黎能再次光臨龍宮，諸龍王心生一計，強烈提出：「我們必須扣留經函後面的一小部分以作為質押。」

因為從龍宮迎請的《般若十萬頌》的《常啼菩薩品》及《勝法品》缺漏，所以後人便將《般若八千頌》

的最後兩品，替換到《般若十萬頌》中，因此，廣略《般若經》最後兩品的內容是完全相同的。

回到人間之後，龍樹菩薩便利用從龍宮收集的珍貴檀香，建造了千萬佛塔等各種所依。因為這一切都得益於龍王的大力協助，所以尊者從此便被世人尊稱為「龍樹菩薩，或龍猛菩薩」。

隨後，尊者又前往里喀惹（印度一地名，盛產甘蔗），並利用點金術之所得廣作布施。一對婆羅門老夫婦因得到大量尊者恩賜的黃金，而生起了無與倫比的信心，老婆羅門自願擔當起侍從的職責，並在尊者前聞聽了佛法，死後轉生為後來赫赫有名的大阿闍黎——龍菩提。

在龍樹菩薩的帶領下，星星點點的佛塔如雨後春筍般拔地而起。

一次，正當他準備將一塊酷似鈴鐺的岩石變為黃金，一位度母化現的老婦人語重心長地提醒道：「只有修持佛法，才是事關重大的要舉。你應當到吉祥山去修行。」為了表達感激之情，他在當地恭造了《度母修法儀軌》。

之後，龍樹阿闍黎在印度中土六大城市的所有主要方位，又興建了不勝枚舉的佛殿、佛塔，並為演說

佛法的各大上師修建了眾多供養處。

他還為感召而至的贍部洲大多數希求趣入佛法，並尋求法義者廣賜深妙法義，特別是佛陀親口所宣的那段教言：「深寂離戲光明無為法，猶如甘露法性吾已得，為誰宣說亦不可證悟，故當無言安住寂林中。」

因為世人極難徹底領會《般若經》之珍寶法義——實相空性，真實無謬的通達者絕無僅有。大多數人在聽到此理後都驚恐不已，繼而棄置不理。有的人雖然生起了信解，卻將無有自性之義執著為單空，從而墮入了斷邊。

但是，如果不能曉悟空性之義，就無法行進於解脫與證達一切智智之道。龍樹菩薩意識到這點後，為大悲心所驅使，情不自禁地發出了令世人通曉諸法實相均為緣起，在勝義中絲毫自性也不可成立，在名言中黑白業果無爽不欺，但二者之間卻並不相違的中觀賢妙道之大法音。

以「不生亦不滅……能說是因緣」等偈頌為內容，尊者撰寫了《中觀根本智慧論頌》及其支分——其他理集諸論《中觀六論》。

如實地將往昔世尊在靈鷲山賜演的《般若經》珍寶法義，在贍部洲大力彰顯，昭然示眾，再一次發出

了大乘妙法之音。智者們一致公認這次壯舉，為大聖者龍樹菩薩於贍部洲所發三次大法音中的「第二次出大法音」。

考慮到更多所化諸眾的利益，尊者決定起身前往北俱盧洲。途中偶遇一名孩童，尊者因孩童的「則達嘎」手紋，而授記此孩童將成為國王，隨後又繼續上路趕往北俱盧洲。

到達目的地後，尊者將衣服掛在衣杆上，然後開始沐浴。當他人準備將衣服取走時，尊者一反常態地高聲疾呼：「那是我的！」不明其義的當地人便因此而將尊者稱為「我所者」。

當北俱盧洲調化眾生的事業圓滿，尊者重返故土之時，曾被尊者授記將掌管王位的孩童已經成為了一名國王（名為樂行王）。尊者於是在樂行國王的供養殿中居住了三年，並盡心竭力地廣弘精妙佛法。

遵循至尊度母的指點，尊者去往南方的吉祥山。在當地，他主修精髓妙法，並為以大弟子聖天、佛護等眾多受持佛法大德為主的無邊無量之人與非人眾生，精勤不倦地惠賜了深廣妙法。一如佛陀再次親臨人間一般，使正法更加欣欣向榮、蒸蒸日上。

為了令佛法永不衰落、恆常住世，尊者在金剛座

建造了石網欄（依照印度的風俗，建造石網欄可以
起防止大象的侵擾，起護衛的作用。至今，在金
剛座仍可看到許多石網欄廢墟。據《印度佛教史》
記載：「金剛座的菩提樹遭受大象損害時，在菩
提樹背後立兩塊石碑，因而多年無事。以後又被
損害，在石碑上各立一手執棍棒的摩訶迦羅騎獅
像，多年出生饒益。又被損害，於是周圍用石格
子圍繞起來，外面建立一百零八座有神像的塔」）
與多達幾百座的佛塔，還對吉祥米積塔（《紅史》注
釋中說道：「**吉祥米積塔，為印度東方靠近緬甸
的林參城中心的一座佛塔。建造了圍牆。**」**此廢
墟至今尚在**。據《印度佛教史》記載：「……給
吉祥米積的塔建立圍牆，圍牆內建立一百零八座
佛殿。」由此可見，龍樹菩薩當年所做的裝飾，
主要是修建圍牆和佛殿）進行了裝飾，又為諸位僧
眾修建了為數可觀的經堂。並囑託馬哈嘎拉等護法承
擔起守護正法的事業，督促贊札嘎、增祿天母等諸位
財神，務必恭敬承侍供養護持正法的諸位大德及其眷
屬，以各種方式促進了正法的進一步繁榮興旺。

　　尊者後半生的主要精力，都投入到在南方吉祥山
如同世尊重返人間一般廣轉顯密之輪上面。特別因撰
著《讚法界論》等論著，而被人們共稱為「第三次出
大法音」。猶如佛陀當年三轉法輪一樣，將無以數計
的所化之眾引入了大乘之道，使佛陀演說的了義經典
之義穩如泰山、堅如磐石，不為他人所摧。

為了後世所調諸眾的利益，尊者在一生中撰寫了數目驚人的闡釋三藏四續密意之論典，包括以理證之道宣說趣入佛法圓滿精華大乘道之圓滿菩提道次第的《中觀寶鬘論》、以教證而建立此道的《經集論》、結合道次第精要與佛陀教言的《稻稈經釋》、包括《讚至尊了義文殊》等在內的《讚頌集》、《密集略修》、《經部修法集錦》、《菩提心釋》、《圓滿次第之五次第論》、《中觀根本慧論頌》、《六十正理論》、《細研磨論》、《七十空性論》、《迴諍論》、《親友書》、《百智論》、《令眾生愉悅之十一頌》、《八粗墮》、《普賢行願品合併本釋》、《夢境如意寶語》、《布施語》、《出世語》、《八加行》、《智樹論》、《規範論》、《養生篇》等闡釋經續密意的論典，另外還有《顯密道次第》、《四續本尊修法》等異彩紛呈、不拘一格的論著。

龍樹菩薩的此等壯舉，使佛法越發興盛，也使魔王波旬及其眷屬火冒三丈、嫉妒萬分，甚至到了不堪忍受的境地。他想不出其他高招，只好鑽入樂行王后的胎腹中伺機作惡。不久王后臨產，生下一名為「具力」的太子。

時光飛逝，斗轉星移，具力太子在優越的環境中一天天長大了。一天，母后將一件世間珍稀難得的無縫衣贈予愛子，太子告訴母后：「我現在先把它收藏起來，等到有朝一日我繼位登基、治理江山之時再穿

它。」母后無奈地告訴兒子：「你的父王與龍樹阿闍黎已經成就了等壽金丹術，在阿闍黎沒有圓寂之前，你父王是不會死去的。你這輩子恐怕沒有希望繼位執政了。」

母后的一席話，使具力太子生起了極大的憂傷，他抑制不住內心的失望，禁不住悲從中來、號啕大哭。母后連忙安慰道：「你用不著哭泣，我倒有一個主意。因為阿闍黎是一位安住於廣大菩薩行境界的菩薩，如果你向他索要頭顱，他必定會慨然施予的。如果他圓寂，你的父王也會因此而命終。這樣一來，你就可以穩坐王位了。」

聽完母后的「高見」，具力太子躊躇滿志、躍躍欲試，他迫不及待地趕到龍樹菩薩身前，提出了索要頭顱的要求。

大聖者龍樹菩薩思索到：「大悲世尊在因地時，也曾行持過布施頭顱等菩薩難行。我也應當如此追循佛陀的足跡，繼承佛陀的事業。為了懾服魔王波旬，為了利益後代眾生，為了諸大佛子能生起勇氣，我應當行此布施。」想到這裏，尊者爽快地答應了索要頭顱的要求。

王子喜不自禁，立刻揮起寶劍向尊者的頭顱砍去，然而頭顱卻並沒有被砍掉。尊者和藹地向目瞪口

呆的王子解釋道：「往昔我在刈割茅草時，曾割斷過一隻小蟲的脖頸，因為這個罪過，所以用吉祥草便可以砍斷我的頭顱。」王子遵言而行，果然如願割斷了尊者的頭顱。

此時，只見殷紅的鮮血化為了白色的乳汁，龍樹菩薩的頭顱吟出了振聾發聵的一段自白：「我今往生極樂剎，將來亦入此身體。」

王子擔心頭顱會重新復原，便將其扔到了一由旬以外的地方。因為龍樹菩薩已成就了金丹術，所以其法體與頭顱都化為了頑石。令人驚訝的是，法體與頭顱不但沒有隨著時光的流逝而風化，而且因歲月的遞增，二者之間的距離也在一步步縮短。等到將來重新復合之時，復合後的新法體就會像龍樹菩薩住於塵世一般，對眾生具有不可估量的利益。

因為大尊者龍樹菩薩長久以來獲得了登地菩薩的自在成就，才能在布施頭顱時，做到臨危不懼、歡天喜地。這一切，也是在向世人宣告尊者的得地之相。

《入中論》云：「且如佛子聞求施，思維彼聲所生樂，聖者入滅無彼樂，何況菩薩施一切。」正如在得地之後，布施頭顱不但不會有痛苦，而且會生起超勝於比丘一禪等持的歡喜與大樂的說法一樣，龍樹菩薩已經獲得登地果位的成就，是在佛經中已經明示，

世人也是有口皆碑的。

其共同部分的示現，是在吉祥山修持長達兩百年，地道功德輾轉增上，最終獲得了共稱的七地果位。

在得到一地果位之後，即能獲得於一百個世間界中化身為一百位祖師，並同時於一百位佛陀前化為一百尊身體聆聽佛法等十二種一百功德。

因為此等功德在獲得二地果位之後，更會往上遞增。由此可想而知，尊者所擁有的功德也是不可思議的。

關於尊者的不共同示現，在《明炬論》中描述道：「大阿闍黎龍樹菩薩在獲證真如法義後，於世間界暢演各別自證金剛持之大等持。既擁有超離於人天之安樂，擁有超離於外道、聲聞以及緣覺的禪定與等持之安樂，也獲得了遠離生滅的具有一切殊勝的如來之身。其身見而無厭，並具有十力以及十無畏等佛之功德嚴飾，前往極樂剎土，以擁有八種功德自在而住於世。」以上內容說明，龍樹菩薩此生依靠密集之道，已經現證了雙運金剛持的果位。

大聖者龍樹菩薩還培養了舉不勝舉、出類拔萃，對佛陀所宣說的了義不了義之八萬四千法門，在以無

垢理證善加辨析之後，能夠受持與弘揚準確判別佛陀密意旨要的持法意子。其中公認的有四名意子與三名近意子，一共為七名主要弟子。

龍樹菩薩的四位意子分別為：親覲文殊菩薩的釋迦莫札、謁見度母的那嘎博得、獲證八地果位的聖天論師、目睹過觀音菩薩金顏的瑪當嘎巴。三位近意子分別為：佛護論師、清辯論師與馬鳴論師。

諸大弟子中不可抗衡、無與倫比的，當數聖天論師。聖天論師在一生中撰寫了大量無有稍許錯謬之垢、如理抉擇龍樹菩薩密意的顯密論典。他依照龍樹菩薩的意趣，撰著了闡述引導世人趨入甚深廣大道次第之圓滿無垢理證之道的《中觀四百論》、宣說以密集金剛為主的兩種無上道次第之究竟密要的《攝行燈論》以及指不勝屈的其他論典。

聖地印度的智者們，都心悅誠服地將被譽為「龍樹阿闍黎父子」的龍樹菩薩與聖天論師，共稱為一切智智的量士夫。往昔的中觀論師們，都將這兩位阿闍黎的論著，恭稱為「母中觀」，以作為一切中觀見解的究竟源泉。

關於釋迦莫札阿闍黎，有這樣一種傳說：《圓滿次第之五次第論》中的前兩部分，是龍樹菩薩恩准該尊者寫成的。雖然尊者的其他論著已經流失，但這位

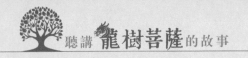

阿闍黎為眾多有緣者廣弘龍樹菩薩善妙主張的事蹟，必將傳頌千古、流芳百世。

所謂「那嘎博得」，也就是指龍菩提阿闍黎。他依靠龍樹菩薩的竅訣，成就了金剛虹身。尊者居於吉祥山等修行處，攝受了無以數計的空行勇士、空行母及有緣人。據尊者的傳記記載：在噶當派前期，這位阿闍黎化為幻化身，親自為噶當派的眾多大善知識，傳授了大量竅訣與教誡。

大成就者秋多吉（法金剛）曾三番五次與該尊者會晤，共同商議有關金剛乘的教言。在四世班禪洛桑卻吉堅贊（1567 － 1662），譯言善慧法幢。為四世達賴和五世達賴喇嘛近圓戒師，札什倫布、色拉、哲蚌三寺寺主。1645 年，受固始汗封為「班禪博克多」稱號；1647 年，又受清順治帝封為「金剛上師」名號。後被追認為第四世班禪額爾德尼，為札什倫布寺和合塔竣工開光之時，龍菩提阿闍黎與大成就者秋多吉雙雙降臨，並肩居於塔頂為佛塔開光，還向班禪洛桑卻吉堅贊賜傳了竅訣與教誡。該位阿闍黎還撰寫了《密集壇城儀軌》，包含《直指三身道用》在內超凡絕倫的《安立次第》，以及浩如煙海的其他著作。

瑪當嘎巴是將龍樹菩薩的耳傳竅訣圓滿授予大成就者帝洛巴的接力者。此外，尊者還為五湖四海的有緣者鞠躬盡瘁地闡顯了甚深妙法。

龍樹菩薩住於人間長達六百年之久，在世期間為佛法做出了不可磨滅的貢獻。在他一生的前、中、後三個階段，層出不窮地栽培出了遍佈四海的弟子。其中晚年的所有主要持法弟子中，堪稱頂飾的當數月稱阿闍黎。

　　據往昔的佛教歷史記載：在龍樹菩薩前往極樂剎土之際，曾感慨萬分地說道：「關門弟子乃月稱，終結之法說無生。」

　　龍樹菩薩在六百年中，忠心耿耿地護持正法。據說，一旦將來其法身與頭顱重新拼合以後，尊者還將為南贍部洲眾生的利益進一步做出貢獻。最終於極淨光世界圓證佛果，號智源光如來。

　　因此，希求修持菩提道次第的諸眾，應當至誠祈禱聖者龍樹菩薩，嚴格奉守尊者的教誨：從依止具相善知識直至獲得雙運佛果之間，為獲取於顯密圓滿道之定解，以教證理證，而以巨大之精進勇猛不斷地修持！

上文轉載「國際藏傳佛教研究會」網頁鏈接：
http://www.buddhajnana.org/328544084527193337 6934217.html

《龍樹菩薩親友書講記》摘要

編者按：下文摘錄自索達吉堪布仁波切著的《龍樹菩薩親友書講記》，書中他指出《親友書》的「親友」，是指釋迦教法弘揚者龍猛菩薩的親密摯友「樂行國王」。當時他們沒有見面，龍猛菩薩以書信的方式為其宣說解脫道，這些竅訣集成一部論典，就取名為「親友書」。

索達吉堪布仁波切講：據印度佛教史記載，為了利益更多所化眾生，龍猛菩薩曾前往北俱盧洲，路上遇到一個孩童，尊者憑手紋而授記他將來會成為大國王，當北俱盧洲調化眾生的事業圓滿，尊者重返故土時，這名孩童已當上了國王，即是樂行國王。樂行國王迎請尊者到皇宮中受供，尊者在那裏住了三年，盡心盡力地廣弘佛法，饒益無量有情。離開樂行國王的皇宮後，龍猛菩薩長期住在印度南方，之後他通過書信的方式，給樂行國王傳授了兩大教言：一是《中觀寶鬘論》，二就是這部《親友書》。

佛教歷史上，龍猛菩薩是公認的登地菩薩，佛陀在《楞伽經》中親自授記：「南方碑達國，有吉祥比丘，其名呼曰龍，能破有無邊。」意即南方碑達國有一位吉祥比丘，名叫龍猛，在佛陀涅槃之後，佛教內

部產生爭論時，他站出來弘揚大乘中觀，破除有邊與無邊，詮釋般若波羅蜜多法門。在《大鼓經》、《大雲經》、《文殊根本續》等大乘經續中，對龍猛菩薩也有明顯的授記，有些說他是一地菩薩，有些說是七地菩薩，有些甚至說獲得了佛果。藏傳佛教中他被喻為「二勝六莊嚴」之一，漢傳佛教中他被八大宗派奉為開山始祖，這樣的大菩薩、大聖者，佛教徒沒有一個不承認。

《大唐西域記》中說，當時龍猛菩薩令佛法越來越興盛，魔王波旬極度不安，投生為樂行王的兒子——具力太子，為了獲得王位，跟母親商量要害死龍猛菩薩。他來到菩薩前面，說自己不幸得了一種病，非人腦不能醫治，求菩薩布施自己的頭顱。龍猛菩薩心想：「往昔佛陀無數次布施自己的身體，如今我遇到這樣的對境，也應當滿足他的心願。」於是隨手取一根吉祥草，吹氣化作利劍，把頭割了下來，以此而示現圓寂。

《前行》裏面也說，具力太子向龍猛菩薩索要頭顱，菩薩爽快地答應了，太子奮力揮起寶劍，可好像斬虛空一樣，根本無法傷害菩薩。菩薩告訴他：「我五百世前就徹底清淨了兵器砍割的異熟果報，所以用兵器無法砍斷我的頭。但我曾經割吉祥草時殺害小蟲的宿業沒有償還，你用吉祥草可以割斷我的頭。」太子依言照辦，頭顱當下落地，菩薩趨入寂滅，往生極

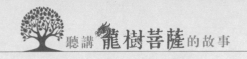

樂世界。

王子擔心頭顱會重新復原，便將其扔到了一由旬以外的地方。由於菩薩對地水火風已獲自在，所以身體與頭部變成兩座大山。不過更奇妙的是，隨著歲月的遞增，二者之間的距離一步步縮短，等到將來兩山接觸之時，龍猛菩薩將重入此身體，再次弘揚大乘般若法門。

《親友書》是龍猛菩薩給樂行王的教言。漢傳佛教的經典中，樂行王又名禪陀迦王、乘土王。早在唐朝，《親友書》就被義淨法師翻譯出來了，義淨在翻譯之前曾說：「這些竅訣十分殊勝，可惜漢地多不了解，故將之翻譯出來，希望能順利流通。」後來宋朝譯師也翻譯了兩個譯本，現收錄於《大藏經‧論集部》中，因而在漢傳佛教中，《親友書》有三個不同的版本。然自唐朝到現在，從漢地歷史上看，人們對這部論典並沒有予以足夠重視，不像《阿彌陀經》、《金剛經》那樣人盡皆知。

《親友書》名義，梵語：色哲達累卡；藏語：西波張耶；漢語：親友書。

《親友書》是未直接會面而以書信方式對國王的教誡。類似的傳法方式，在佛教歷史上也有很多，例如《教王經》、《妙臂請問經》、《龍王請問經》等

經典，以及《致弟子書》等論典，都是對佛教有不共誠信的印度國王，通過不同因緣所獲得的佛陀教言。表面上《親友書》是作者對樂行王的教言，但實際上，也是我們後學者要學習的內容。在藏傳佛教中，寧瑪派、格魯派、噶舉派、覺囊派、薩迦派等各教各派對此相當重視，希望漢傳佛教中淨土宗、禪宗、華嚴宗、天台宗等教派的佛教徒，也能認識到它的殊勝性，認認真真地學習。

上文摘錄自：
索達吉堪布仁波切著　《龍樹菩薩親友書講記》

《親友書》（全文）

編者按：《親友書》，又名《龍樹菩薩為禪陀迦王說法要偈》，是龍樹上師為遠方的朋友樂行王（又名禪陀迦王、乘土王）講說佛法的書信。《親友書》/《龍樹菩薩為禪陀迦王說法要偈》請見以下全文：

《龍樹菩薩為禪陀迦王說法要偈》

龍樹菩薩 造

求那跋摩 譯

禪陀迦王應當知，生死苦惱多眾過，
悉為無明所覆障，吾欲為彼興利益。
譬如刻畫造佛像，智者見之宜恭敬，
我依如來說正法，大王亦應深信受。
汝雖先聞牟尼言，今若聽受轉分別，
猶如華池色清淨，月光垂照踰暉顯。
佛說六念當修習，所謂三寶施戒天，
修行十善淨三業，離酒放逸及邪命。
觀身命財速危朽，應施福田濟窮乏，
施為堅牢無與等，最為第一親近者。
勤修淨戒除瑕穢，亦莫悕求願諸有，
譬如大地殖眾物，戒亦如是生諸善。

修忍柔和捨瞋恚，佛說是行最無上，
如是精進及禪智，具此六行超生死。
若能在家孝父母，此即名為勝福田，
現世流布大名稱，未來福報轉無量。
殺盜婬欺耽荒酒，雕床高廣及香熏，
謳歌倡伎過時食，如斯眾惡宜遠離。
若少時間修此戒，必受天樂昇涅槃，
慳嫉貪欲及諂偽，誑惑顛倒與懈怠。
如此眾惡不善法，大王當觀速棄捨，
端正尊豪及五欲，當知危朽若泡沫。
莫恃若斯不堅法，憍逸自恣生諸苦，
欲長諸善證甘露，應當遠離如棄毒。
有能精勤捨瞋慢，譬如除雲顯秋月，
猶如指鬘與難陀，亦如差摩賢聖等。
如來說有三種語，入意真實虛妄言，
入意如花實猶蜜，虛妄鄙惡若糞穢，
應當修習前二言，速宜除斷虛妄者。
從明入明四種法，王當分別諦思惟，
二種入明是應修，若就癡冥當速捨。
菴婆羅果四種變，人難分別亦如是，
當以智慧深觀察，若實賢善宜親近。
雖見女人極端嚴，當作己母姊女想，
設起貪欲染愛心，應當正修不淨觀。
是心躁動宜禁制，如防身命及珍寶，

欲心若起應驚怖，猶畏刀劍惡獸等，
欲為無利如怨毒，如此之言牟尼說。
生死輪迴過獄縛，應當勤修求解脫，
六入躁動馳諸境，應當攝持莫放逸，
若能如是攝諸根，勝於勇將摧強敵。
是身不淨九孔流，無有窮已若河海，
薄皮覆蔽似清淨，猶假瓔珞自莊嚴，
諸有智人乃分別，知其虛誑便棄捨；
譬如疥者近猛焰，初雖暫悅後增苦，
貪欲之想亦復然，始雖樂著終多患。
見身實相皆不淨，即是觀於空無我，
若能修習斯觀者，於利益中最無上。
雖有色族及多聞，若無戒智猶禽獸，
雖處醜賤少聞見，能修戒智名勝士。
利衰八法莫能免，若有除斷真無匹。
諸有沙門婆羅門，父母妻子及眷屬，
莫為彼意受其言，廣造不善非法行，
設為此等起諸過，未來大苦唯身受。
夫造眾惡不即報，非如刀劍交傷割，
臨終罪相始俱現，後入地獄嬰諸苦。
信戒施聞慧慚愧，如是七法名聖財，
真實無比牟尼說，超越世間眾珍寶；
大王若集此勝財，不久亦證道場果。
博弈飲酤好琴瑟，懈怠憍逸及惡友，

謂色非我我非色，我中無色色無我，
於色生此四種心，自餘諸陰皆如是。
是二十心名顛倒，若能除斷為最上，
法不自起冥初生，非自在作及時有，
皆從無明愛業起，若無因緣便斷壞，
大王既知此等因，當燃慧燈破癡闇。
身見戒取及疑結，此三能障無漏道，
王若毀壞令散滅，聖解脫法當現顯。
譬如盲人問水相，百千萬劫莫能了，
欲求涅槃亦如是，唯自精勤後方證。
欲假眷屬及知識，而得之者甚難有，
是故大王當精進，然後乃可證寂滅。
施戒多聞及禪定，因是漸近四真諦，
人主故應修慧明，行斯三法求解脫，
若能修此最上乘，則攝諸餘一切善。
大王當觀身念法，世尊說為清淨道，
若無此念增惡覺，是故宜應勤修習。
人命短促不久留，如水上泡起尋滅，
出息入息眠睡間，念念恆謝常衰滅，
不久便當見磨滅，皮肉臭爛甚可惡，
青瘀脹壞膿血流，蟲蛆唼食至枯竭，
髮毛爪齒各分散，風吹日曝漸乾盡。
當知此身不堅牢，無量眾苦所積聚，
是故賢聖諸智人，皆觀斯過咸棄捨。

奇姿妙色極端嚴，圍遶侍衛相娛樂，
百味盛饌皆具足，隨意所玩自然至。
寶池香淨水恆滿，周匝羅覆諸妙花，
眾鳥異色集其上，哀聲相和出遠音。
諸天遊戲浴其內，如是歡娛不可說，
福盡臨終五衰現，爾時生苦踰前樂。
是故雖有天女娛，智者見之已生厭，
雖居珍寶上樓觀，亦必退墮臭穢處。
雖遊天上難陀園，會亦還入刀劍林，
雖浴諸天曼陀池，終必墜於灰河獄。
雖復位處轉輪帝，歸為僮僕被驅使。
雖受梵天離欲娛，還墜無間熾然苦。
雖居天宮具光明，後入地獄黑闇中，
所謂黑繩活地獄，燒割剝刺及無間。
是八地獄常熾燃，皆是眾生惡業報，
或受大苦如押油，或碎身體若塵粉；
或解支節今分散，或復剝剝及燒煮，
或以沸銅澍其口，或以鐵押裂其形。
鐵狗競來爭食噉，鐵鳥復集共齟掣，
眾類毒蟲並齟齧，或燒銅柱貫其身。
大火猛盛俱洞燃，罪業緣故無逃避，
鑊湯騰沸至高湧，顛倒罪人投其內。
人命危朽甚迅馳，譬如諸天喘息頃，
若人於此短命中，聞上諸苦不驚畏，

當知此心甚堅固，猶如金剛難摧壞。
若見圖畫聞他言，或隨經書自憶念，
如是知時已難忍，況復己身自經歷，
無間無救大地獄，此中諸苦難窮盡。
若復有人一日中，以三百矛刺其體，
比阿毘獄一念苦，百千萬分不及一。
受此大苦經一劫，罪業緣盡後方免，
如是苦惱從誰生，皆由三業不善起。
大王今雖無斯患，若不修因緣墜落，
於畜生中苦無量，或有繫縛及鞭撻。
無有信戒多聞故，恆懷惡心相食噉，
或為明珠羽角牙，骨毛皮肉致殘害。
為人乘駕不自在，恆受瓦石刀杖苦，
餓鬼道中苦亦然，諸所須欲不隨意。
飢渴所逼困寒熱，疲乏等苦甚無量，
腹大若山咽如針，屎尿膿血不可說。
裸形被髮甚醜惡，如多羅樹被燒剪，
其口夜則大火燃，諸蟲爭赴共噉食。
屎尿糞穢諸不淨，百千萬劫莫能得，
設復推求得少分，更相劫奪尋散失。
清涼秋月患焰熱，溫和春日轉寒苦，
若趣園林眾果盡，設至清流變枯竭。
罪業緣故壽長遠，經有一萬五千歲，
受眾楚毒無空缺，皆是餓鬼之果報。

正覺說斯苦惱因，名曰慳貪嫉妒業。
若天福盡有餘善，因此得為人中王，
後設懈怠福都盡，必墜三惡無有疑，
或生修羅起貢高，恚嫉貪害增諸惱。
諸天雖有善根行，以其慳嫉失利樂，
是故當知嫉妒結，為深惡法宜棄捨。
大王汝今已具知，生死過患多眾苦，
應當勤修出世善，如渴思飲救頭燃。
若加精進斷諸有，於諸善中最無上，
當勤持戒習禪智，調伏其心求涅槃。
涅槃微妙絕諸相，無生老死及衰惱，
亦無山河與日月，是故應當速證知。
若欲證於無師智，應當專修七覺法，
若有乘斯覺分船，生死大海易超渡。
佛所不說十四法，但生信心莫疑惑，
唯當正心勤精進，決定修習諸善法。
無明緣行識名色，六入觸受愛取有，
有則緣生生緣死，若盡生死因緣滅。
如是正觀十二緣，是人則見聖師子，
若欲次第見四諦，當勤修習八正道。
雖居尊榮處五欲，亦得聖道斷諸結，
此果不可求餘人，必自心會乃得證。
我說眾苦及涅槃，欲為潤益大王故，
不應生於怖畏心，但勤誦習行諸善。

心為諸法之根本，若先調伏事斯辦，
我說法要略分別，王不宜應生足心。
若有大智更敷演，亦當至心勤聽受，
王今名為大法器，若廣聞法必多益。
若見有修三業善，應深助生隨喜心，
自所行善及隨喜，如是功德悉迴向。
王當仰學諸賢聖，如觀音等度眾生，
未來必當成正覺，國無生老三毒害。
大王若修上諸善，則美名稱廣流布，
然後以此教化人，普令一切成正覺。
煩惱駛河漂眾生，為深怖畏熾然苦，
欲滅如是諸塵勞，應修真實解脫諦，
離諸世間假名法，則得清淨不動處。
若有婦人懷害心，如此之妻宜遠離，
設有貞和愛敬夫，謙卑勤業若婢使，
恆為親友姊母想，此宜尊敬如宅神。
我所說法正如是，王當日夜勤修行。

上文轉載以下網頁鏈接：
https://book.bfnn.org/books3/2066.htm

龍樹菩薩唐卡造像特點

金色度母唐卡文化

旦增央噶

編者按：龍樹菩薩在大乘佛教中，具有舉足輕重的地位，但時至今日漢地並沒有什麼寺院供奉龍樹菩薩，所以對他的造形大家都沒有什麼概念。但在藏傳佛教中，龍樹菩薩的地位同樣非常重要，並極受重視，所以在造龍樹菩薩像時就很有講究，藏傳佛教中用的唐卡，龍樹菩薩的形象非常明確鮮明，旦增央噶就曾經對龍樹菩薩的唐卡造像，就「有關龍樹菩薩的造像度量，龍樹菩薩造像的象徵意義，與龍樹菩薩相似的藝術形象」作出分析說明。以下轉載旦增央噶的分析。

（一）有關龍樹菩薩的造像度量

在繪畫或製作佛像時，藝術家們通常會遵循一定的造像儀軌，藏文大藏經中「三經一疏」（《佛說造像度量經》、《造像度量經》以及《畫法論》）被視作基本標準。值得注意的是，「直到後期，也就是教派影響畫壇潮流的這段期間，西藏的唐卡才開始更嚴格地遵循這些經論做為創作標準」。而這些經論典

籍並沒有對整個藏傳佛教龐雜的神明體系一一進行量度規定，因此藝術家們在後期便開始以「三經」為基礎自己著書，以擴充補全各個神明的造像特徵，同時也對畫面背景或細節作出規定。雖然如今關於西藏唐卡繪畫技法的書籍琳琅滿目，書中對各個聖像的度量描寫卻是大致相同。但根據繪畫大師根秋登子先生所著之書中所描寫的龍樹菩薩的度量文進行翻譯整理：

「六聖二莊嚴篇：美化世界的六莊嚴之首，甚深中觀見的開山鼻祖之龍樹祖師。在智慧方便二法門中擇智慧之道，闡述緣起與空性相輔相成的法門。是將具有如來十力的法門詳細闡述的遍知法王。有無量的中觀理聚六論等著論無數。從龍宮迎請《般若波羅蜜多十萬頌》，並為龍王講授佛法，龍王為其免受龍之禍害授予蛇冠。在藍色背心上著比丘裙，並在坐墊上呈半跏趺坐。兩手結說法印，身體右側放置寶瓶左邊放置經書。頭頂肉髻，並飾有七蛇蛇冠」。

上文中的前四句是根據龍樹菩薩的功德所創作的讚頌詞。後四句解釋了龍樹菩薩頭頂蛇冠的由來及意義，並對他的穿著、坐姿、手印及身邊所置物品進行規定，同時描述龍樹菩薩頭有肉髻。在這裏需要對幾點稍作解釋：①雖然上文中規定龍樹菩薩的兩側分別放置寶瓶與經書，但在很多情況下，只會在其身一邊放置經書（藏文ཐེག་པ་）或寶篋（藏文ཟ་མ་ཏོག་）（印度

傳統的放置貝葉經的容器）。②龍樹菩薩的頭頂有肉髻，這是佛的三十二莊嚴相之一，但是有些藝術家會把它畫成髮髻而非肉髻。③一般情況下，蛇冠上蛇的數量會如文中所寫，被畫成七蛇蛇冠，這與印度耆那教造像與南亞的佛教造像中的蛇冠上蛇頭的個數是相符的。但有時也會有畫師把蛇冠畫成一頭、五頭、七頭、八頭、九頭或極少數的十頭。蛇冠上的蛇頭也有不同的排列方式，有些時候，蛇會從龍樹菩薩背後出現，蛇頭融進他的頭光中，並在龍樹菩薩頭部正後方展開做遮擋狀。有些時候，蛇頭則會在他的頭部側面有序地散開。

「八十四大成就者篇：在各種無邊供品圍繞珍寶席座上，龍樹祖師身呈藍色如珍寶王之色；通透無味，甚為希奇。具備相好，雙手於胸前結說法印。身著三法衣，雙腳呈金剛跏趺坐。龍樹菩薩身後的蛇冠代表龍王為其獻上蛇冠，又或是以龍眾的形象對其表達供奉與尊崇」。

另外，也有幾點需要注意：①雖然文中描寫龍樹菩薩的身色為藍色，但是實際上，他的身色幾乎都被畫成黃色而非文中所規定的藍色。②龍樹菩薩雖然是祖師，是大成就者，但他完全具備了佛的三十二相以及八十種好，上文提及的肉髻便是佛的相好之一。③三法衣分別是：祖衣、七衣和法衣，實指內襯以及上下兩件僧袍。

（二）龍樹菩薩造像的象徵意義

　　雖然有如上文的量度規定，龍樹菩薩的造像比例及大致特點，但並不是藝術家們都按此逐字逐句地進行繪製，他們會在細節上，按照自己所屬畫派或者個人風格對其進行不同的演繹。最為常見的造像便大致如同上文中的度量文。

照片由青海唐卡畫家喬旦本提供。

　　如上圖這幅唐卡中，龍樹菩薩的面容安詳莊嚴，頭頂的肉髻被描繪成了髮髻的式樣，七蛇蛇冠從頭側有序散開，而蛇尾在其身後左側隱約可見。龍樹菩薩身著藍色的祖衣（內襯）、黃色的七衣以及法衣（上下兩件僧袍），身體微向左傾，雙手在胸前結說法印，雙腳於坐墊上呈金剛跏趺坐。龍樹菩薩身體右側放有寶篋，坐墊位於池水邊的綠地上，身前有三寶及水果做供品，身後有頭光，背光兩光，背光後又升出蓮花，畫面右側還有一片雲朵。

　　藏傳佛教諸神的面容主要分寂靜和憤怒兩種相貌，通常佛、菩薩、上師等都是以平靜的面貌出現，本尊護法則是以憤怒的相貌出現。圖中龍樹菩薩安詳的面貌象徵著他通過慈悲和懷愛引領眾生皈依佛門。從前文中我們知道，龍樹菩薩雖然是上師形象，但卻具備了頭有肉髻佛之相好特徵，這象徵龍樹菩薩具備無上智慧，這一點正是辨別龍樹菩薩造像的重要標誌之一。除了龍樹菩薩外，其他上師形象中頭頂肉髻只有四位，他們分別是阿羅漢羅睺羅、寧瑪派上師格熱多吉、蓮師八神變之一釋迦森格以及薩迦派祖師薩迦班智達。我們知道龍樹菩薩頭頂的蛇冠主要被畫成七個蛇頭，這是由於在藏傳佛教中，經常以數字「七」來表明高僧大德的顯著功績，而蛇的顏色「與龍眾五大種姓的不同顏色，或者八大龍王的顏色相符」。畫面中，蛇尾在龍樹菩薩左側隱約可見，這似乎體現出蛇是由下方湖水而出現的意境。許多繪畫中都會在龍

樹菩薩的身邊畫上湖水或池水，有時候，池水中會有人身蛇尾的龍女或是其他龍眾等形象，這些龍眾通常以雙手向龍樹菩薩呈上經書，藉以表達龍樹菩薩從龍宮取得真經，這些向龍樹菩薩獻上經書的龍眾是辨別龍樹菩薩造像的另一個重要標誌。編者在極個別唐卡中，見到藝術家會省去蛇冠、龍眾等典型標誌，此時，主尊前邊的池水成為辨認龍樹菩薩的重要標誌之一。

龍樹菩薩所穿著的祖衣（內襯）比較特別，是藍色的，這種祖衣是古印度大師們特有的。龍樹菩薩所結手印以及坐姿並不是永遠相同，這幅唐卡中他結的是說法印（拇指與中指或食指、無名指輕觸，其餘指頭自然舒展），這一手印象徵說法、講法的意思，也被稱為轉法輪印。除了說法印外，龍樹菩薩經常以雙手持經書的手勢出現，這是表示他尋求以及取得了經典。在這幅唐卡中，龍樹菩薩呈吉祥金剛跏趺坐（兩腳的腳背放置於大腿上，足心朝天）。它又可以細分為兩種：右腳在外，左腳在內的叫吉祥坐，反之則叫降魔坐。降魔坐是龍樹菩薩最常見的坐姿，被廣泛用於佛教繪畫藝術中，因為該坐姿重心穩定，身端心正，禪修時最容易安穩持久。龍樹菩薩的坐姿除上述外，有時也會呈右屈左伸遊戲坐或英雄坐。

龍樹菩薩身後的頭光及身後的背光都是覺悟者特有的光環，代表著龍樹菩薩通過這些光芒照亮芸芸眾生。背光上流暢的條條金線是藏族藝術獨特的描繪方

式。而背光後升出的蓮花表示由於龍樹菩薩自身的福力，無論走到何處，都會升起朵朵蓮花。畫面右側的雲朵象徵著龍樹菩薩所安住的地方令人心馳神往。一般情況下，祖師大德的坐席都會被畫成蓮花坐席，在這幅唐卡中畫成藏式卡墊的式樣是畫師的藝術發揮。

（三）與龍樹菩薩相似的藝術形象

在藏傳佛教中，尤其有兩個形象因為與龍樹菩薩的形象有著相似性或同一性，極易混淆。

一是，龍自在王（藏文：ཀླུ་ཡི་དབང་པོ།）。雖然佛教傳說中有八大龍王，但在藏傳佛教藝術中，龍王通常只被描繪成一種形象，這便是與龍樹菩薩的形象極為相似的龍自在王。「據說，龍自在王早在無數劫之前就已經成得正覺」。正因如此，龍自在王的唐卡造像描繪方式是典型的佛造像方式，他具全了佛的樣貌相好，因此有時也會有被誤認成佛陀。他頭部的七蛇蛇冠又使他極易被誤認成龍樹菩薩。但是辨別龍王的最顯著樣貌特徵有幾點：①龍王的身色呈藍色，面部呈白色，這是他最特殊的一點，同時也是與龍樹菩薩以及佛陀的形象進行區分的最重要一點。②大多數情況下，龍王的雙手在胸前結大慈悲印（合掌後，兩食指尖碰觸，其餘八指相互交錯），這個手印十分特殊，其他尊神很少結此手印。③龍王頭上的七蛇蛇冠通常只有一種表現形式——蛇身錯落有致地由他的背後升起，蛇頭從頭光延伸出來，在龍自在王頭上做遮擋狀。④

辨別龍樹菩薩與龍自在王最重要的一點是，即使他們的形象非常相似，但是通常龍樹菩薩的身體都會稍向左側傾斜，而龍自在王的身體幾乎都是坐直挺立的。

二是，**佛陀的龍王護佛**。並不是指普遍的佛陀形象，而是特指佛陀本生故事中，龍王為佛陀遮雨的藝術形象。在早期繪畫中，這個故事經常被描繪成佛陀在龍王升起的七蛇蛇冠的下甚深禪定，而如今漸漸已經演化至蛇冠上的蛇只有一個大的蛇頭，而非七個蛇頭，在小乘佛教地區更是如此。實際上，雖然龍王護佛的藝術形象與龍樹菩薩以及龍自在王的形象有極大的相似點，但是它也有其獨特之處。那就是佛陀在這個情形下，雙手所結的手印是禪定印，而龍樹菩薩與龍自在王幾乎從來不會雙手結禪定印。這也正是區分辨別這三尊造像的最重要方式之一。

有時除了可以從主尊本身的造像特徵、所結手印、身旁物體等等之外，還可以從主尊周圍的人物來判斷以及辨別。例如：龍樹菩薩經常同其餘的六聖二莊嚴，或者其餘的八十四大成就者成組出現在一幅，或者分散出現在幾幅系列的唐卡中；龍樹菩薩還經常單獨地與文殊菩薩，或者龍眾出現在一幅唐卡中。而龍自在王在大多數情況下都與龍眾一同出現，有時，龍自在王也會與獅吼觀音成組出現。至於佛陀的龍王護佛的形象，幾乎不會單獨作為主尊出現，通常這個形象會與其他佛陀的本生故事以連環畫的形式出現在

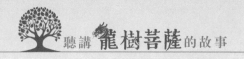
一幅完整的或者一組成套的唐卡中。

　　就龍樹菩薩來說，他一生與龍宮的淵源非常深，這些故事通過不同形式不斷體現於他的造像藝術中。譬如龍樹菩薩頭上所戴的龍王賜予的蛇冠，身邊時常出現的池水，池水中呈獻經典的龍眾等等都是對這些故事的藝術演繹，這表現出唐卡藝術故事性的特點。龍樹菩薩身邊的寶篋、背後的頭光和背光、身後的蓮花這些物體與他並沒有直接的聯繫，但是實際上這些物體自身就隱含著不同的代表意義，畫師們通過加入這些具備象徵意義的物體來闡述龍樹菩薩的品德和貢獻，這表現出唐卡藝術象徵性的特點。

上文轉載【金色度母唐卡文化】網頁鏈接：
https://mp.weixin.qq.com/s/7ovTN4mIuanSMh–0P7q7Dg

唐卡是目前最多記載龍樹菩薩像的，如下各圖：

圖1

圖2

圖3

圖4

圖 5

圖 6

圖 7

圖 8

圖 9

圖 10

圖 11

圖 12

圖 13

圖 14

圖 15

圖 16

上述唐卡轉載網頁鏈接如下：

圖1：
http://montune168.blogspot.com/2018/01/blog-post_31.html

圖2：
https://kknews.cc/fo/rjkzxev.html （每日頭條）

圖3：
https://kknews.cc/culture/jlbnq.html （每日頭條）

圖4：
https://kknews.cc/culture/e8q93gz.html （每日頭條）

圖5：
http://voicefriend.blisswisdom.org/index.php/%E5%90%84%E6%9C%9F%E7%A6%8F
%E8%81%B2/2995-v227-%E6%89%8E%E6%A0%B9%E6%BC%A2%E5%9C%B0%E5
%BB%A3%E5%88%A9%E6%9C%89%E6%83%85（福智之聲）

圖6：
https://www.xuehua.us/2018/07/02/%E9%BE%99%E6%A0%91%E8%8F%A9%E8%90
%A8%EF%BC%9A%E4%BB%A5%E9%9A%90%E8%BA%AB%E6%9C%AF%E6%81%
A3%E6%83%85%E7%BE%8E%E5%A5%B3%EF%BC%8C%E5%85%A5%E9%BE%99
%E5%AE%AB%E5%8F%96%E5%BE%97%E7%9C%9F%E7%BB%8F/zh-tw/

圖7：
http://nianjue.org/article/56/555332.html（念覺學佛網）

圖8、圖9、圖10：
https://wemp.app/posts/7facb93d-c771-40b8-bf69-5662dc5c1a73（大乘天）

圖11：
http://qinjinshanshi.blogspot.com/2015/03/blog-post_30.html?m=1

圖12：
http://www.soundofhope.org/b5/2017/11/28/n1305591.html（希望之聲）

圖13：
https://www.buddhajnana.org/3285440845271933376934217.html（國際藏傳佛教研究
會）

圖14：
https://zh.wikipedia.org/wiki/%E9%BE%8D%E6%A8%B9（維基百科）

圖15：
https://mp.weixin.qq.com/s/kFZMHh0fxAbnXvn9c4SnQQ（郎卡杰唐卡）

圖16：
https://wemp.app/posts/7facb93d-c771-40b8-bf69-5662dc5c1a73（大乘天）

龍樹菩薩聖像全集

　　龍樹菩薩聖像由於存世較少，難得一見。適值 2017 年龍樹菩薩聖誕之際，隆日在此與您分享世界各地典藏的龍樹菩薩精美聖像專輯。資料難得、殊勝稀有、值得收藏！

八宗共祖
龍樹菩薩坐像

龍樹菩薩形象十分特殊，較易識別。
頭頂有肉髻，是智慧的象徵。
肉髻上方有七個龍頭圍繞護法。
身披袈裟，兩手結說法印，跏趺坐姿。

青銅鎏金，約翰·福特與巴馥·福特收藏

十二世紀（平安時代）彩繪木雕
龍樹菩薩坐像

木造檜材，寄木造，古色，雕眼
像高 77 cm

奈良國立博物館收藏

十七世紀西藏繪畫
印度大成就者龍樹菩薩唐卡

布本設色

尺寸：57 x 38cm

北京故宮博物院收藏

十九世紀蒙古格魯派傳承
中國「八宗共祖」之龍樹菩薩唐卡

棉地，礦物顏料

蒙古札那巴札爾美術博物館收藏

十八世紀西藏格魯派傳承
「八宗共祖」龍樹菩薩唐卡

棉質，礦物顏料
尺寸：71.12cm x 45.72 cm

美國魯賓藝術博物館收藏

十八世紀西藏東部末德格八邦噶瑪噶孜畫派
龍樹菩薩唐卡

棉質，礦物顏料
尺寸：43.18cm x 30.48cm

美國魯賓藝術博物館收藏

十九世紀西藏嘎瑪嘎赤畫派
顯密共同祖師：龍樹菩薩唐卡

棉地礦物顏料

美國魯賓藝術博物館收藏

「第二代釋迦」
龍樹菩薩唐卡詳解

從這幅唐卡中我們可以看到，中間主尊龍樹菩薩與弟子提婆呈自在坐姿在平台上，上方雲端有騎獅子的文殊菩薩，下方海水中有一位上身為人、下身為龍者半露於海水之中，正在敬獻一部長條經典，長條經典則代表《般若十萬頌》。這幅唐卡描繪的是龍王向龍樹菩薩敬獻佛教經典的故事。此亦是龍樹菩薩在龍宮取經的故事。

尼泊爾雪謙檔案館收藏

十八世紀西藏噶舉派繪畫
八宗共祖龍樹菩薩唐卡

棉地，礦物顏料

美國魯賓喜瑪拉雅藝術博物館收藏

十四世紀西藏薩迦派傳承手稿插圖頁 龍樹菩薩像

紙本設色

尺寸：7.6cm x 6.35 cm

美國洛杉磯郡立美術館收藏

十八世紀西藏繪畫
八宗共祖龍樹菩薩唐卡

棉地，礦物顏料
尺寸：58.58cm x 36.85 cm

美國賈可馬歇藏族藝術博物館收藏

十七世紀西藏繪畫
印度大成就者龍樹唐卡

布本設色

尺寸：60cm x 42cm

北京故宮博物院收藏

十八世紀末西藏寧瑪派繪畫
龍樹菩薩唐卡

棉地，礦物顏料

尼泊爾雪謙寺資料檔案館收藏

西藏薩迦派繪畫
龍樹菩薩

美國自然歷史博物館收藏

十八世紀末西藏薩迦派繪畫
龍樹菩薩唐卡

棉地，礦物顏料

美國自然歷史博物館收藏

藏傳佛教繪畫
龍樹菩薩唐卡

棉地，礦物顏料

十八世紀西藏格魯派大型絹畫
「第二代釋迦」龍樹菩薩唐卡

絹本設色
尺寸：482.6cm x 304.8 cm

海外私家珍藏

十八世紀西藏噶舉派傳承
「第二代釋迦」龍樹菩薩唐卡

棉地，礦物顏料

海外私家珍藏

十八世紀西藏繪畫
「第二代釋迦」龍樹菩薩唐卡

棉地，礦物顏料

海外私家珍藏

西藏寧瑪派傳承白描
龍樹菩薩唐卡

民間信仰的龍樹菩薩故事

供奉龍樹菩薩近 600 年的夾漈村

供奉龍樹菩薩近 600 年的夾漈村風貌。(鄭萬星 攝)

　　地處安溪、南安、永春三縣交界的夾漈（音 jì，際）村，是福建省永春縣著名的僑鄉，全村人口 3 千多人，而旅居菲、新、馬、印、英、美、澳、加，以及港澳台等的僑親逾 2 萬人。

　　這村莊 99% 都是鄭氏，是宋朝著名史學家、目錄學家鄭樵（世稱夾漈先生）78 至 79 世後裔鄭玉崇（字尚禮，號敦厚）的子孫。

　　「夾漈」兩字，是這裏的地名，其含義有三種説法：其一，以地形取名，因夾漈兩邊是山，中間夾一溪水，水尾成一瀑布，故稱夾漈。其二，族譜上有記載，因夾漈由莆田經德化遷居而來，莆田的方言，夾漈叫「吉蔗」，諧音「乞丐」。其三：以示紀念始祖是鄭樵之後，所以用鄭樵，號夾漈先生為名，這就是夾漈村命名的説法。（後簡化為夾際，現漈與際通用。）

這村還有全國獨一無二的「皇宮式」建築，「紅磚白石雙撥器，出磚入石燕尾脊」的古厝100多座，並出了不少著名的文商人士，例如清朝進士鄭良士，近代菲律賓僑領鄭玉書（字崇瑞），東南亞麵粉大王鄭倉滿，菲律賓金融界龍頭鄭少堅等。

村內100多座紅磚入石燕尾脊的古厝。

近年翻新的古厝，仍保留古風味。（許玉敏　攝）

龍樹菩薩在夾漈的足跡

供奉龍樹菩薩的西竺庵舊貌 (80 年代初至 2018 年)。

供奉龍樹菩薩的西竺庵現貌 (攝於 2019 年)。

夾漈村自祖崇奉龍樹大聖近 600 年（甚至逾千年，請見下文 P172），供奉於「西竺庵」。因夾漈龍樹大聖造形之奇特，在外地堪稱罕見，或稱絕無僅有亦不為過。

從「西竺庵」歷來收集到的對聯，道出了庵內所供奉的西方佛——龍樹大聖與村裏的因緣深厚，亦道出了龍樹大聖的威神力，遺留至今的對聯如下：

西方自在邈觀天柱韶景
竺境幽聞傳播菩提妙音
（山門外聯）

春風送暖榮西竺
桂路繞御護佛庵
（山門內聯）

西方明山千秋遠慶
竺境琇地萬古長榮
（大門聯）

邪肚難瞞三慧眼鎮靜惡魑
妖精自畏西天佛嚴肅怪魅
（佛龕主聯）

龍德有光大而能化
樹勳難量聖不可知
（佛龕第一副聯）

西天聖人蝦祝聖壽孟秋五申衍獻東海
竺殿慧眼晋祿慧誕季潮念四慶瑞南山
（佛龕第二副聯）

龍威霹靂重大上爺
樹嚴燦燁著聖人間
（上廳石柱聯）

西天真如振世間龍扈有載北海大英雄
竺地佛法奮人心樹勳光明南極聖威顯
（上廳石柱聯）

西庵慧眼永奠乾坤變卦神卜
竺殿聖人遠立陌阡化爻霽辨
（上廳石柱聯）

西天聖人蒞立夾潔
竺庭慧眼臨在松岱
（下廳石柱聯）

天地交泰宇宙尚存
日月光明五星永載
（下廳石柱聯）

和風甘雨獻瑞
國泰民安衍慶
（下廳石柱聯）

天竺是中國古代對印度的稱謂之一，龍樹菩薩出生地南天竺，「西竺」已道出了西來意。「庵」指圓形草屋（文人的書齋亦多稱「庵」，如「老學庵」，「影梅庵」）。庵，舍也—《廣雅》；「庵」，一般是指修行的地方居所，故夾漈村當初供奉龍樹菩薩的廟宇，命名為「西竺庵」，也是極具考究的。即使歷史的變遷，文獻的消失，但還是很容易讓後人意會到「西竺庵」這裏供奉的是西方佛菩薩的意思，便於後人尋根探究。

廟以閩南特色建築。

　　在漢可地寺院，專誠供奉龍樹菩薩的寺院少之又少，甚至可說沒怎麼聽過。小編這幾年來，經過多方查詢，只發現目前只有福建連江寶林禪寺近年來建有一個龍樹殿，但殿裏是否供奉龍樹菩薩，就不太清楚。另外，福建安溪龍坑是夾漈宗親，敦厚公的後裔，所以龍坑先祖在建龍仙宮時，迎請「西竺庵」的龍樹大聖供奉。此外，南安碼頭大庭雲溪院也有供奉恩主龍樹大聖，據說是夾漈西竺庵分爐，但善信並非夾漈敦厚公的後裔。

　　小編沒想過自己從小成長的鄉村，居然有一座專誠供奉龍樹菩薩的廟宇，而且近 600 年來，村民從未間斷的用他們最虔誠的方式（道教民間化的方式）來供奉這位被譽為「佛陀第二」的龍樹菩薩。

　　據資料介紹，在中國一些道教流派由於受到佛教禪宗、密宗的影響，也尊龍樹菩薩為神靈，並尊稱為「龍樹大醫王」、「衛國金剛龍樹王」，如閭山派。由此推測，夾漈在一定的程度上可能受到相關的影響，所以村民也公認龍樹菩薩為「大醫王」，並視為「境主佛」。

　　另在此書白照傑博士研究的《唐宋漢地龍樹菩薩醫療神信仰》一章中（P71-82），也說明了漢地一度視龍樹菩薩為「醫神」。龍樹菩薩在大乘佛教中，具有舉足輕重的地位，白照傑博士分析指，龍樹菩薩的信仰在唐朝時可能極被推崇，但自元朝後漸被邊緣化。時至今日，除了藏傳地區或密教信仰的寺院尚有不少龍樹菩薩的唐卡影子，但漢地就難以找到供奉龍樹菩薩的寺院了。

　　然而，在福建閩南一處偏僻的村落——夾漈村，自有口傳的 560 多年來，每逢農曆新年，以及農曆七月的龍樹菩薩誕，村民還有盛大的慶祝活動。

　　中國人都很現實，如果不是佛菩薩特別靈驗，或

是有求必應，相信就不一定能得到如此愿厚的待遇，所以村裏流傳不少有關龍樹大聖的靈驗神奇故事！

就近代而言，話説 1948 年改革前後，夾漈村旱災連年，以農為家的村民叫苦連天，於是村民便請出龍樹菩薩到白漏漈（即現時的東里水庫）祈雨，從此村裏就風調雨順，村民安居樂業。

大醫神及財神之説

又有説，早年的夾漈村，患麻風病、瘋癲症的人特別多，龍樹菩薩曾經示現方便法門，為病人開藥方。一名研究傳統風俗文化，60 多歲的鄉親鄭萬章憶述，在他小時候，即 50 年代中期，他親眼看過類似「跳大神」的情景，當時龍樹菩薩經過祈福人士焚香、誦咒、祈請後，會附身於誦咒的人身上，並為病人開藥處方，有些藥名在當時和附近是找不到藥的，附身人會即時燒符，以取代無藥的藥名，在場人士可以即時聞到該藥的藥味，而病人得藥服食後，即獲痊癒，所以龍樹菩薩在村裏被稱為「龍樹大聖」，是村民心中的「大醫神」。

除了有「大醫神」之稱，更有「大財神」之説，夾漈村傳統以來，龍樹菩薩農曆七月廿四的誕辰慶典是由上一年以求聖杯方式投得下一年的功德主（香主）。作為功德主需要羅列豐盛的供品以示慶賀，並會設宴請客，可是有些功德主家裏窮困，連下鍋溫飽

的米都沒有，何來慶祝菩薩誕辰呢？於是，在菩薩誕辰前夕，功德主在設法無門的情況下，就往賭場下賭，結果大贏，從而為菩薩慶生，所以眾人稱菩薩為「大財神」。

龍樹菩薩在村裏被視為守護神、大醫神及財神，是村民的大恩主、境主佛，世世代代護佑這村的村民，甚至僑居海外的鄉親（請參閱《龍樹菩薩下南洋》一章（P176-182）），也會迎請菩薩金身前往海外供奉。

村裏的鄉親父老都稱龍樹菩薩為「龍樹公」，如此親切，不難想像一直以來村民與這位菩薩建立的深厚因緣和感情，他們對菩薩的依賴和信任，並帶有求必應的情懷。

龍樹在夾漈近 600 年歷史

供奉龍樹菩薩的廟宇「西竺庵」，座落在村的西面山腰，面向村裏最高的山峰天柱山，其形狀有如雞籠，據當地風水大師介紹，這是一個非常好的風水穴，可見當年村裏對廟宇的選址也極其講究。

既然漢地都早已淡忘了龍樹菩薩，但是夾漈村為什麼還能在 560 多年一直堅持這系的信仰呢？龍樹菩薩這信仰是何年、何日、何時、何人傳到這裏呢？編者幾年來嘗試走訪了村裏最虔誠、最具資格、對信仰

最有研究的前輩，但他們都沒有文字記載核實龍樹菩薩在村裏的歷史，靠的只是一代又一代的口傳，以及他們的記憶，講出了點點滴滴的故事。

那又為什麼說龍樹菩薩在這村裏最少已有 560 多年信仰歷史呢？據稱，夾漈村（古稱西村）原是一個雜字姓的小村落，姓氏包括有劉、陳、柯、黃、歐陽、洪、趙、董、郭、鄭等 10 個姓氏（這是族譜記載，另說還有上官等姓氏）。據《永春夾漈鄭氏族譜》記載，1458 年（即明朝英宗天順二年）鄭玉崇（字尚禮，號敦厚）從德化遷入西村工作，未久村裏雜字姓眾志成城，齊集發心募捐興建西竺庵供奉龍樹菩薩，但工程臨近尾聲，鑄鐘匠師無論怎樣努力，也無法鑄成廟裏的鐘耳，大家在惆悵之時，鑄鐘匠師一再追問募捐的負責人，到底有沒有齊集全村人發心捐獻成就佛事？就在與會人士思前想後、翻來覆去之際，驟然才醒覺尚未向一名剛入村看守鴨群的鄭姓窮人（即夾漈村鄭氏始祖玉崇，敦厚公）諮詢意願。

募捐的負責人隨即前往問敦厚公是否願意參與捐獻善款建庵鑄像？敦厚公答：「非常樂意，但身上只是一個銅錢，是否接受捐獻？」發起人欣然接受，當鑄鐘匠師把敦厚公一個銅錢扔進爐中，廟內的鐘耳即時鑄成，在場人士均稱「奇哉」！而當時鑄鐘匠師曾預言：「這個村莊將來是鄭姓子孫的天下」。想不到 560 多年後的今天，夾漈村確實成為敦厚公子孫的福

地，目前村裏僅餘兩戶黃姓和劉姓，其餘全是來自鄭氏敦厚公的後裔，村民 99% 都姓鄭，村民全是同宗共祖。

相信 560 多年前的敦厚公也意想不到自己區區的一個銅錢，居然福蔭出千千萬萬的子孫。是的，在富裕人的眼裏，區區的一個銅錢算不了什麼，但當時一個銅錢是敦厚公的所有財產，他能如此無罣礙地獻出自己的所有，這是最大的福德因緣，也可能是這種不求回報、全心全意的奉獻態度，正是最好修善積德的機緣，才能庇蔭世世代代的子孫。

鄉間獨一無二龍樹菩薩造形

我們如果想見龍樹菩薩的形象，除了在藏傳的唐卡（請參閱旦增央噶著的《龍樹菩薩唐卡造像特點》一章 P114-127，《龍樹菩薩聖像全集》一章 P128-148）中可以找到，其他坊間對龍樹菩薩形象幾乎沒有概念。但這村裏的龍樹菩薩造形確是獨一無二，而有關的造形也有一段故，據村裏歷代以來的口傳是，當年村裏要造龍樹菩薩供奉時，大家對西方天竺來的龍樹菩薩沒有概念，無從入手，於是菩薩就在塑像匠師的夢裏示現，並指示他在指定的時辰，前往鄰近的水井，然後菩薩在井底示現了「手提火輪劍，足踏（高低、前後）火輪燈，眉間現天眼，三眼看世間，身穿袈裟衣（衣前童子挑經書、衣後背有乾坤袋）」（請見下圖）的形象在井底，匠師從而塑造出大家現時所見的形象。

獨一無二的龍樹大聖造形。

　　從此，西竺庵供奉的龍樹菩薩像，即使經歷多個時代的變遷，或遭破壞，或被盜竊，但一直沿用原來的造形，並規定庵內供有三尊大小不同的金身，包括主尊高為 2.5 佛尺，至於一副及二副高度稍小，喻意各守其位，而其造形有別於我們目前在市面上所見的唐卡形象，所以說這裏供奉的龍樹菩薩的形象是獨一無二的。

　　在文革所謂破迷信時期，供奉龍樹菩薩的西竺庵也未能倖免，據現時已 80 多歲的鄉親憶述，在文革 1970 年前後，西竺庵門前有三大棵的杉松，有如三炷高香立於廟前，但在掃除傳統文化時，這裏亦遭受破壞，有些風景已不復再。然而，在那期間，菩薩也曾示現過一些神蹟故事。

三尊龍樹菩薩背後的鎮殿佛像。

神蹟故事一：

話說在文革期間，有破四舊之說，當時一些所謂破迷信的「積極份子」將龍樹菩薩金身抱到村裏的小學裏要進行砍伐和焚毀，但每當斧頭砍下之時，菩薩金身居然從地重新立正，來來去去經過了 3 次，菩薩金身才告嗚呼。

神蹟故事二：

當三尊龍樹菩薩金身在村裏小學被毀之時，村民見到西竺庵門前三棵大杉松（被視為三尊龍樹菩薩象徵）也徐徐倒下，隨之三條非常閃爍的金龍飛向萬里長空，而三棵大杉松倒下時，居然沒有破壞鄰近的民居，村民均謂稱奇。

神蹟故事三：

文革期間，一班積極破迷信的人士要毀佛像、破佛廟，村內有一名護法人士於心不忍，偷偷將三尊菩薩金身抱放在天柱山下「打石窟／堀」的竹林裏。聽說菩薩曾報夢給一對當年只有 30 多歲的夫婦，請求這對夫婦保護金身。豈料這對夫婦見難不救，聽說這對夫婦一家日後諸事不順，後來得以高人指點，透過佛事在菩薩像前求懺悔，景況才慢慢得以舒緩和改善。

龍樹菩薩三大節日盛事

隨著鄉間城市化建設，傳統文化漸為式微，然而逢年過節，夾漈村仍然保留濃厚的傳統風俗，而這些節日能全體總動員村民的三件慶典盛事，都與龍樹菩薩息息相關：一是，每年春節的迎春彩；二是，正月十五日的迎燈節；三是，農曆七月份龍樹菩薩誕辰。

農曆新年伊始的迎春彩，村裏會全村總動員恭請龍樹菩薩迎春彩、進香，俗稱「請香」、「請火」；而「請火」做功德主的閩南語稱：「做火頭」，是閩南一帶獨具特色的民俗活動，每年在正月初二至初四，一連三天舉行，活動內容大致如下：

正月初二　龍樹大聖進香

正月初二，龍樹大聖進香（俗稱請火，或割火）。當天卯時（5時）震鼓，進香組隊員、禮樂隊表演人員、當年四名進香功德主等，會齊集在西竺庵。由道士（民間道教稱：師公）主持震鼓、誦讚，四名功德主（一連三天的活動隨佛、拜佛，至初四散火結束）焚香拜請、道士發送文疏（俗稱申文）等一系儀式後，再由道士禮請廟內五尊恩光，包括三尊龍樹大聖、玄天上帝、清水祖師上轎出庵，前往舟山或天柱山迎取聖火（請聖火地點因應每年實際情況而定）。

用前往天柱山進香（迎聖火）為例，早上八點進香隊伍會從西竺庵出發，經石蓮堂祖宇、蒼園祖宇、碧溪書院、沿村頭的昭顯宮（供奉顯化大士，即烏鬚觀音化身的廟宇）後小路直抵天柱山頂峰（俗稱：天柱岩）。由於地勢險窄的關係，進香隊只會恭請龍樹大聖正身，一同前往天柱山岩，餘下佛菩薩金身，以及大部分禮樂隊人員和善信，則在昭顯宮候駕回殿。

　　進香陣容非常講究，首先是進香旗 1 支、頭旗 4 支、大燈 1 對、火山鼓隊、中燈 1 對、球爐 2 支、清道旗 2 支、龍虎麒麟獅各旗、彩牌 3 支、梁傘 3 支開路；緊接龍樹大聖正身、二副、三副、玄天上帝、清水祖師轎；隨後有火頭槍 4 支，彩旗數十支；最後是督陣，身穿羊羔衫，沿路派放西竺庵龍樹大聖進香大吉路頭帖（喻意龍樹大聖將大排筵席，廣邀十方諸聖應邀赴會）。另有鼓樂隊、舞獅舞龍隊、裝閣八音唱、大吹隊、腰鼓隊等等，場面非常熱鬧。

　　至於迎請聖火的過程是，進香隊眾員將龍樹大聖正身公恭請到天柱山岩後，道士會在熱鬧的鑼鼓聲中，主持割取聖火儀式，然後再將聖火灰放在香籃帶回村莊，以備翌日到各敬桌時分給善信。割取聖火後，道士會先在天柱山岩較平坦的位置領眾進行「下山敬」（道士的一些誦唱），在回程的途中，必先再到萬壽山天柱岩寺大雄寶殿，由岩寺僧侶主持法事（俗稱祝供或做敬），祈求佛光顯赫，惠澤黎民。

岩寺佛事完畢，大聖正身帶同聖火，回到昭顯宮與眾聖會合，禮樂隊隨即載歌載舞，再熱熱鬧鬧回庵，並由道士進行聖火安爐儀式，年初二的迎聖火儀式至此暫告一段落。

正月初三　巡境

正月初三，西竺庵諸尊菩薩會下鄉巡洋繞境，俗稱「做敬」或「等敬」。村民深信這是境主佛「龍樹大聖」及諸佛菩薩賜福給村民的吉祥日。

該村現時將「做敬」區設為十八處（這個劃區是依據不同時期人員多寡而分配，也會因應實際情況調整），所以全村善信都會預先在分配的對應敬桌廣設供品，各陣鼓樂隊會先行到各敬桌表演。此時，每個敬桌區會派該區福祿壽齊全的德高望族高人代表供香，緊隨是當年的四名功德主隨喜供香，然後再由道士逐一筵席祈福及唸誦文疏，並附有善信名單，隨同金紙火化，以示藉此傳遞予列位恩光，祈願未來一年風調雨順、穀物豐收、事業順利、家宅平安、幸福美滿、國泰民安……而進香組人員會在敬桌上分發通天馬、符旗、聖火灰，據稱這些吉祥物是跟隨龍樹大聖上山迎聖火祈得，如果善信隨身攜帶或置放家中，可保平安。

正月初四　啟建延生集福燈壇

正月初四主要是在西竺庵裏廣設延生集福燈壇，

當天晨早就由道士主持震鼓儀式，發送文疏（俗稱申文）請神，俗稱「排埔」，然後散火。這天主要由每年所定的四名功德主廣設供品，除了有山珍海味、糖果、鮮花、特色美食外，主要是備有一頭豬公背羊公的供奉，牠們要身披紅布，嘴咬蘆柑，頭頂金花，據稱這是民間或道教傳統的最高敬拜禮儀。至於與功德主同甲系的信眾則各備豬一頭供奉，其他供品隨喜即可。（但願有一天，大家都認清戒殺之利，請參閱【附文一至三】P184-204，不再以殺生供奉菩薩，這將更有意義！）

禮敬完畢後，他們會把豬、羊肉分發給親朋戚友，以示得到龍樹大聖的庇佑。此外，並將一連三天以來的香灰，分到每個香爐，以及各功德主，以示全年吉祥。同時，將聖火交接給翌年的功德主，以示年年相續。

捉「鬼」故事

在興高采烈地迎春彩的傳統習俗之際，往往會聽到 70、80 歲的老一輩津津樂道地說起一些與龍樹菩薩的有趣故事，聽說在上世紀 40-50 年代期間，有一年的春節年初二，村民抬著龍樹菩薩的轎，浩浩蕩蕩地前往舟山惠仙岩（位於福建省泉州市永春縣達埔鎮境內東南部，是佛教吳公祖師的道場）迎聖火，但路經「貝田坑」嶺下的三角厝，卻遭到有人惡意用油水潑地，阻礙和

戲弄迎請聖火隊前行，聖火隊忍辱前往舟山辦好正事後，在回程之際，到達剛才戲弄聖火隊的三角厝，龍樹菩薩的坐轎突然變得很重，抬轎人無法抬起，唯有停歇。而剛才潑油水的人心有愧色，即躲進煙囪裏，不料爐裏突然生火，躲進煙囪的主腦隨即滑進熱焗，怎樣求救也爬不出來，他瞬間意識到剛才對佛菩薩的不敬和無禮行為，即時懺悔，並承諾日後只要菩薩路經此地，必定誠心設宴等敬迎請聖火隊，這事成為村裏街知巷聞的趣事。

第二個與菩薩相關而熱鬧的盛事節日是：「元宵迎燈節」，每年的正月十五日傍晚時分，村裏家家戶戶就會開始擺設供品、張燈結綵，迎燈隊開始請出龍樹菩薩下鄉逐家逐戶去賞燈，菩薩這樣全村一巡，要到凌晨天亮時分才能返回廟，雖然近年略為調整，但也要午夜才能回到廟裏。元宵節過後，回鄉過年的年輕人和學生也以此作為分界，再度紛紛離鄉往外繼續工作或求學。

龍樹菩薩寶誕有幾個？

第三個盛事是：龍樹菩薩的生日。大家都知道龍樹菩薩的誕辰是農曆七月廿四日，但夾漈村就多了一個大型的法會為菩薩慶生的日子：「農曆七月十六日」。

有關「農曆七月十六日」龍樹大聖誕辰法會的由來是，相傳早年一到農曆七月中旬，村裏各個角落的善信開始搶著要為菩薩慶生，出現了時間分配不均的情況。於是，善信就以擲聖杯的形式，求得菩薩示現應允，擇於每年農曆七月十六日提前為菩薩慶生。而十六日的慶生與廿四日的慶生法會最大不同是：不搭壇做敬，但會有四名善信代表，每名會備有 1 支白粿，合共 4 支（高度約 2 米，略低於廿四日的白粿 7 吋），其他供品則包羅萬有，道士以三場的誦讚法會做結，這天由於參與的人數眾多，氣氛往往比七月廿四日顯得熱鬧。

　　菩薩的兩大誕辰法會，有不少僑居海外的鄉親會特地趕回家鄉為菩薩慶生，他們會大排敬筵、頌讀經文、自製白粿，以示報庇佑之恩。在龍樹大聖佛光普照下的夾漈村，幾百年來，在龍樹大聖誕辰前約十天，就陸續恭迎龍樹大聖到自家祖厝舉行慶生宴。

廟的外貌建築極具閩南特色。

七月十六日在庵內慶生後，七月十七日開始，菩薩就開始出庵，順沿路線，應邀到上林祖宇；十八日到內厝（美德堂）；廿一日到大路下（碧前堂）；廿二日到官厝壠的祖宇，接受各房祖宇族系的慶典儀式，直至廿三日再恭送回庵搭壇，以備迎接七月廿四日做七場的「祝燈」大法會。

七月廿四日為菩薩慶生的一般有兩名功德主，俗稱「廿四頭」，一般由私人設供。兩名功德主各以 1 支「白粿」，即共 2 支「白粿」供奉龍樹大聖，「白粿」是用手工在庵內現場捏製而成，層層疊疊在粿塔之上，喻意節節高升；加上「白粿」是白米做成的，又喻意五穀豐登，在粿塔的頂端會放有圓盤似的大白粿，這個白粿是分給下一年主持龍樹大聖誕辰的所屬角落善信。以白粿塔供奉菩薩，可說是夾漈村最具特色的民俗傳統之一。每年的菩薩誕圓滿後，會有下一屆功德主的交接儀式，這也是傳統民俗代代相承的體現。

手捏白粿柱為菩薩慶生是一大特色。
（鄭光純 攝）

為菩薩慶生的另一個特點是，在菩薩誕辰前的幾天，就會開始有善信請獻高甲戲、布袋戲或電影，以示叩謝神明庇佑之恩，村裏這幾天的晚上也會顯得特別熱鬧，在以前電訊和電視沒有那麼發達的時代，這些「高甲戲」的演出豐富了村民的晚間活動。隨著高甲戲、布袋戲或電影的放映結束，為期多天的慶生活動亦告一段落。

　　雖然上述供奉和迎請菩薩的儀式，都是採用了當地民間特色，但有口傳的 560 多年來，村民都從未間斷，用自己最虔誠的方式來憶念龍樹菩薩的慈悲，這也是一種殊勝！以一條不過數百戶的村莊，幾百年來，村民能用他們虔誠的心供奉菩薩，就連他的誕辰也持續十天之久，可見龍樹菩薩極高的感召力。

龍樹大聖，就是龍樹菩薩嗎？

　　有些人疑惑夾漈村的龍樹大聖，就是龍樹菩薩嗎？儘管龍樹大聖被地方化、道教化、民間化、齋教化，但我們還是深信他就是釋迦牟尼佛後，被譽為「佛陀第二」的龍樹菩薩。我們看看《妙法蓮華經觀世音普門品》中，佛陀親口向無盡意菩薩宣説，申明觀世音菩薩可以因應不同求法人的需求，示現不同的形象，讓眾生得度，佛菩薩的示現，都是在行方便法門而已。

龍樹菩薩在夾漈也許逾千年

至於龍樹菩薩怎麼傳進這個如此偏僻的鄉村呢？多年來從事僑聯工作，並對佛事有興趣和研究的鄉親、永春縣仙夾鎮僑聯主席鄭梓敬指出，早在唐朝貞觀年代，有一條從南安縣往桃林場（永春縣古建制屬南安縣管轄地，稱桃林場）的古官道從夾漈村後山通過，西竺庵後面有一個山寨，是專供官員經過休息和喝水的驛站，現時西竺庵門前放有一個古馬槽（請見下圖）就是從當年的山寨（驛站）搬下來的。從上述情況推測，龍樹菩薩很大可能就是在那時候，即1300 至 1400 年前，已由西方傳教士在夾漈村留下了足跡。

庵前逾千年的古馬槽。

換言之，龍樹菩薩很有可能在一千多年前已經進駐夾漈村，只是沒有文獻為證而已！

雖然西竺庵始建年代難以核證，目前最早只能追溯到明朝天順二年（1458 年）。歷代以來的興衰，供奉龍樹菩薩的西竺庵仍然屹立不倒，龍樹大聖在夾漈村民心中依然長青。近代清末期間，西竺庵由海內外族親集資重建，但在文革期間被毀；辛酉年（1981年）再由海內外族親共同捐資重建；戊戌年（2018年）西竺庵和諸佛金身，在海內外族親的護持下，再進行翻新和重塑，目前工程仍在進行中。

民間道教的龍樹咒語

舊時鄉間對外交通不便，物資缺乏，村民對自己前景迷茫，或在生病無藥可醫時，都會向龍樹大聖求籤問卜，所以廟裏依舊保留著百首籤詩（這裏的百首籤詩，與日本東京淺草觀音寺的百籤詩非常相似），據稱非常靈驗，有興趣的讀者日後可以前往一試。

此外，以前的村民還會用類似跳大神方法，來問醫、驅災、祈福、占卜和預測前程，以解決人生的種種問題和疑惑。據稱，請法人士會因應不同的請求而讀咒語，但半世紀來已經沒有人再試了。以下的咒語，也是根據老一輩的鄉親，憑記憶背下的記錄。

西竺庵內的百首籤詩。

龍樹公咒　（請藥）

伏以
焚香拜請，焚香焚焚，
上天下地公，下地火燈輪，
手提飛龍劍，腳踏火輪燈，
顯化到萬世，萬世朝宗榮，
一列如君兵，直進玉帶山，
采藥救長生，三代君兵，
弟子爐前三拜請，
拜請西竺庵恩主龍樹大聖，金身下殿，
急急如律令（此句一般不唸）

龍樹大聖神咒　（問運途）

焚香拜請，焚香焚請，焚香焚焚，
上天下地公，下地火燈輪，
手提火龍劍，腳踏火輪燈，
點點甘露濟，濟世世間人，
真神化百海，
一諾似三兵，三代官兵，
弟子爐前三拜請，
拜請西天聖人龍樹大聖真神出壇速降來臨，
速速如律令（此句一般不唸）

龍樹菩薩下南洋

　　鄭氏先祖正式遷住夾漈村的 560 多年來，甚至是逾千年以來，一直供奉龍樹菩薩。但因為這村莊田少人多，一方水土難以育養一方人，很多先祖紛紛移居外地，有移居閩北各市、安溪龍坑、江西、浙江等省；另有移居海外，有如香港、台灣、菲律賓、馬來西亞、新加坡、印尼、英國、美國、澳洲、加拿大等地，一眾宗親慢慢地在所住地紮根繁衍。移居外地的族親，由於難以和家鄉緊密聯繫，便將家鄉的信仰香火龍樹大聖也一同帶往供奉。

　　從夾漈移居到香港的鄉親，很多人在家裏供奉一尊與夾漈西竺庵相似的菩薩像。至於僑居其他海外的鄉親父老，他們也會請龍樹大聖漂洋過海，但聖像的高度一般是 1.2 佛呎或 1.4 佛呎，方便設置家中供奉。

　　同時，龍樹大聖也流傳到台灣、新加坡、馬來西亞、菲律賓等地，其中在 1956 年，由鄭甘露先生出資，請鄭添秀先生（現時已 85 歲鄭炳輝父親）親自迎請第一尊龍樹大聖像往新加坡供奉，當時場面非常熱鬧，鞭炮從西竺庵門前放到村尾的八角亭，場面相當熱鬧。

菩薩擇居馬來西亞柔佛洲

　　馬來西亞柔佛洲行政議員拿督鄭修強先生是在馬來西亞土生土長的，也是現任柔佛州西竺庵龍樹大聖理事會主席，他憶述當年請到新、馬的第一尊龍樹菩薩像，幾十年來都是居無定所的，新、馬及印尼的鄉親每年都會以求聖杯的形式，輪流迎請龍樹大聖像回家供奉，由於菩薩的靈驗，備受到南洋族親的推崇。後來因為新加坡環保限制（禁止每年為菩薩誕焚香、燒衣），加上每年要找寬敞的地方設宴甚為不便。1991年，由馬來西亞柔佛州笨珍的善信鄭美昌先生捐出自己居所旁邊的一幅地，興建與家鄉同名的「西竺庵」供奉龍樹大聖，廟宇於 1992 年正式落成啟用，從此飄泊 30 多年的龍樹大聖才有了安居之所。

源自夾漈分爐的馬來西亞的西竺庵。

殿內菩薩像於上世紀 90 年代初造。

柔佛州「西竺庵」落成前，新、馬西竺庵理事會派代表回鄉，迎請 3 尊大小與家鄉「西竺庵」相同的龍樹菩薩像前往馬來西亞。現時，新、舊聖像同時安放於廟裏，但供奉菩薩的香爐仍延用老傳統，用求聖杯行的方式由善信請回家供奉，翌年菩薩誕之日再將香爐送回庵，由下一屆的功德主接回家供奉。

拿督鄭修強表示，自 1992 年廟宇建成後，每年農曆七月廿四日龍樹菩薩的誕辰，他和家人都會前往廟宇與僑居在新、馬的族親參加龍樹大聖的誕辰宴會。他憶述 90 年代高峰期時，每年都大排筵席 70 至 80 席，參加人數 700-800 人。時至今日，如果節日適逢上班和上課時間，誕辰慶典規模就會縮小，介乎 20-30 席，即 200-300 人左右。但每年一度的菩薩慶

典是新、馬族親聯誼鄉情的好時機，隨著老一輩人數慢慢減少，他希望老一輩的宗親至少每年都能帶上兒孫前往參加，讓年輕的族親可以有多交流機會，讓優良傳統延續下去。

七月廿四日菩薩誕，信眾大排筵席。

馬來西亞各地及新加坡僑親齊集慶祝菩薩誕辰。

菩薩是大財神

拿督鄭修強先生擔任柔佛州西竺庵龍樹大聖理事會主席以來，他陸續將廟地申請為正式合法的宗教用途。龍樹菩薩大慈大悲，善信所求往往靈驗，鄭修強先父鄭陸環是第一個馬來西亞善信，以一連求得12個聖杯，把龍樹菩薩請到馬來西亞家裏供奉的。鄭修強說，當年自己家境一般，但就請菩薩

筆者訪鄭修強先生。

回家供奉的那一年，家裏事事順意，並在同一年裏連中多次1212的彩票吉祥數字。

另有一位84歲的鄭清龍老先生說，自己的心與龍樹大聖非常相應，靈驗的事例很多，幾乎是有求必應，但具體事就不好一一透露，所以他每年都從新加坡趕來笨珍參加龍樹菩薩誕的慶典。他補充說，有好多次的事例，就是身居異鄉的宗親家庭經濟條件不好，但輪到自己做功德主時，要為菩薩慶生宴客時，家裏窮困沒錢的，菩薩總會善巧地令功德主或家人中獎或贏錢，以解困境！

訪問鄭清龍老先生 (中) 等善信。

　　位於馬來西亞柔佛州笨珍文律十一條巴力
（KG. LUBOK SIPAT，82200 BENUT JOHOR，
MALAYSIA）的「西竺庵」，從廟的名稱、供奉的
菩薩的聖像，都是與福建永春夾漈的龍樹菩薩一脈傳
承，善信除了是一片虔誠之心，也是鄉情延伸的展
現。願龍樹大聖威神力感召十方信眾，讓佛法長興。

西 竺 庵
龍 樹 大 聖
力 巴 餘 一 十 律 文
KG. LUBOK SIPAT
82200 BENUT JOHOR

馬來西亞的西竺庵地址。

新、舊聖像同時供奉於廟裏：

1956 年造 　　　　　 1992 年造

慈悲與素食

佛教為什麼要
食素、戒殺、放生？

【一】佛經上說：吾人未了脫生死以前，大家都在三界中流轉，這樣，互為父母兄弟夫妻子女眷屬，這一定是免不了的。你若是食肉，豈不是吃父母眷屬的肉？若是殺生，豈不是殺害父母眷屬的生命？如果有宿命通的人，當然是不肯食父母眷屬之肉，而殺害父母眷屬之命的。

【二】佛經上又說：一切眾生，都有佛性，而將來都有成佛的可能。所謂：同體大悲，無緣大慈，你若是食肉而殺生，豈不是食未來諸佛之肉，而殺未來諸佛之命？

【三】佛經上又說：既然是三界輪迴，當然不是一死永滅，成為斷見；也不是做人的，永遠是做人；做畜的，永遠是做畜，成為常見；而是以善惡為樞紐，做人的作了惡，而墮落去做畜生，做畜生的罪受滿了，又出來為人。這樣，你今生食他、殺他，而來生他又來食你、殺你，楞嚴經中說：「人死為羊，羊死為人」，就是這個道理。

【四】試問：當我們要殺害生命的時候，牠們是甘心願意嗎？試看：當殺豬的時候，那種叫聲！當殺雞的時候，那種掙扎！當殺牛的時候，那種流淚！如果牠們是甘心願意的話，怎樣會那麼悲慘？只不過沒有法子奈何你罷了！這樣，含冤在心，牠們一遇到了機會，就不客氣要向你來討命。試想想看，為什麼不到幾十年或幾百年，就會又有一次大戰，其中必有原因，所謂「冤冤相報」，從前古德常言：欲知世上刀兵劫，但聽屠門夜半聲。又說：欲免世間刀兵劫，除非眾生不食肉。這話是佛說的，信不信，當然是由你。

【五】戒殺一事，不但是佛教為然，即儒家亦有之：「上天有好生之德」，「人人愛命，物物貪生」，「見其生，不忍見其死，聞其聲，不忍食其肉」，「王曰：捨之！吾不忍其觳觫」，「孰能一之？不嗜殺人者能一之」。這些話，都是仁者之心的流露。可見聖賢之言如出一轍。

【六】久旱無雨，或久雨不停，政府必宣示「禁屠」，其用意亦是以天心好生，禁屠以順天意。明知上天有好生之德，而人之習慣為自己的口腹，不察其非，事過之後，又依然故我，誠顛倒之甚！

【七】蘆溝橋事變之後，國府林主席等，提倡每年七七斷屠一天，以資紀念，亦有感傷生命之意義存乎中。

【八】每見病者就醫，醫生多囑其戒口，其意義亦以為肉類多不適宜於病體。

【九】歐美人士，多提倡素食，以為衛生，今人不察，以為素食無營養料，殊不知鐵質、糖質、澱粉質、蛋白質以及各種維他命，多出於豆類、菜類、果類，此稍有科學常識者，無不皆知。

【十】常見愚人之說：畜類係上帝創造為吾人所食，而吾人不食者，不但辜負上帝的盛意，而畜類亦日見增多，豈不是反使食人？殊不知畜類既為上帝創造，那麼，虎狼亦係畜類之一，人何不敢曰食虎狼？可見欺善怕惡之心，流露於言表！又說人類亦係上帝創造，豈不是上帝把人類供給虎狼毒蛇蚊蟲等所食嗎？貓犬等畜類，食之者甚少，為何未見增多？而豬羊雞鴨，人若不食，豈有長命千萬年之理？故如上所說，皆是虛言。

【十一】常聽人說：無葷入口，吞飯難下！殊不知，一方面固係習慣，一方面亦是金錢作怪！假定窮途落魄，三餐不繼，不但無葷菜可以吃飯，鹽水亦可以吞飯三碗。此可由事實證明：軍隊出戰時多有此景況，一遇敵人三五天不得飲食，此是常事。

【十二】更有一種無理之談：不食豬羊雞鴨，日生繁殖，汽車不能通行；不食魚蝦，輪船不能開駛。此皆不了解生命有限，自生自滅，豈有千萬年不死之物？此與第十條同。

【十三】學佛者，以佛心為己心，應以慈悲為宗旨，拔眾生苦，與眾生樂尚不暇，豈可更加害於眾生之苦痛？當非仁者所忍為。

【十四】常見世人婚喪等事，大殺牲物，以待賓客，細思之，真是愚蠢！自己夫妻願百年偕老，而殺害其他生命，豈非顛倒！生子而求長壽，殺害其他生命，這是緣木求魚；父母生日欲求長壽，殺害生命，父母死喪，亦殺害生命；欲報親恩，反加其罪！尤以文武聖人大祭之日，而大殺特殺，此豈聖人之本心？實後人以訛傳訛。佛經、儒典、衛生等所訓，均應以食素、戒殺、放生為本職，以佐觀音慈悲之普渡。伏願世人，以菩薩之心腸，行戒殺之事業。吾以為國家平安，人民康樂，實居於此。斯則吾之所謂靈感，尚希高明者印之。

轉載：《觀音慈顏百像》
出版者：常春樹書坊
編譯者：覃保明

蓮池大師戒殺文

蓮池大師 著

【附文二】

　　世間最珍貴的莫過於性命，天下間最慘的殺傷，世人多殺生，遂有刀兵水火瘟疫劫，負命殺汝身，欠財焚汝宅，離散汝妻子，曾破他巢穴，報應各相當，人人惜命，物物求生，何得殺他，充己口食？或利刀割腹，或尖刀刺心，或剝皮剖鱗，或斷喉劈殼，或滾湯活煎，可憐大痛無伸，苦極難忍，造此彌天罪業，結成萬世冤仇。現世人多奇病多夭，或死兇殺，或死自刎，或死落水，或死藥毒，或死惡癥，皆因殺生吃葷冤欠所致。

　　孟子曰：「聞其哀聲，不忍見其死；見其慘亡，不忍食其肉，是仁君子遠庖廚是也。」懇請世人，持齋修德戒殺，上消累世冤孽，下積德以蔭子孫繁衍，自然福壽綿長，萬事如望呈祥。

　　今略錄七條勸戒殺文，供世人瞭解：

　　一曰、生日不宜殺生：「哀哀父母，生我劬勞。」己身始誕之辰，乃父母垂亡之日也。是日也，正宜戒殺持齋，廣行善事；庶使先亡考妣，早獲超昇；現在椿萱，增延福壽。何得頓忘母難，殺害生靈，上貽累

於親，下不利於己？

　　二曰、生子不宜殺生：凡人無子則悲，有子則喜；不思一切禽畜，亦各愛其子。慶我子生，令他子死，於心安乎？夫嬰孩始生，不為積福，而反殺生造業，亦太愚矣！

　　三曰、祭先不宜殺生：亡者忌辰，及春秋祭掃，俱當戒殺以資冥；殺生以祭，徒增業耳！夫八珍羅於前，安能起九泉之遺骨而使之食乎？無益有害，智者不為矣。

　　四曰、婚禮不宜殺生：世間婚禮，自問名納采，以至成婚，殺生不知其幾？夫婚者，生人之始也；生之始而行殺，理既逆矣。又婚禮，吉禮也；吉日而用兇事，不亦慘乎？

　　五曰、宴客不宜殺生：良辰美景，賢主佳賓，疏食菜羹，不妨清致。何須廣殺生命，窮極肥甘；笙歌饜飲於杯盤，宰割怨號於砧几？嗟乎！有人心者，能不悲乎？

　　六曰、祈禳不宜殺生：世人有疾，殺生祀神以祈福佑。不思己之祀神，欲免死而求生也；殺他命而延我命，逆天悖理，莫甚於此矣！夫正直者為神，神其

有私乎？命不可延，而殺業具在。種種淫祀，亦復類是。

　　七曰、營生不宜殺生：世人為衣食故，或畋獵，或漁捕，或屠宰牛羊豬犬等，以資生計。而我觀不作此業者，亦衣亦食，未必其凍餒而死也。殺生營生，神理所殛；以殺昌裕，百無一人。種地獄之深因，受來生之惡報，莫斯為甚矣！何苦而不別求生計乎？

上文轉載網頁鏈接：
https://book.bfnn.org/books/0993.htm

大乘入楞伽經斷食肉品

唐于闐三藏沙門

實叉難陀奉制譯

　　爾時，大慧菩薩摩訶薩復白佛言：「世尊！願為我說食不食肉功德過失，我及諸菩薩摩訶薩知其義已，為未來現在報習所熏食肉眾生而演說之，令捨肉味，求於法味，於一切眾生起大慈心，更相親愛，如一子想，住菩薩地，得阿耨多羅三藐三菩提。或二乘地暫時止息，究竟當成無上正覺。世尊！路伽耶等諸外道輩，起有無見，執著斷常，尚有遮禁不聽食肉，何況如來應正等覺，大悲含育，世所依怙，而許自他俱食肉耶？善哉世尊！具大慈悲，哀愍世間，等觀眾生猶如一子，願為解說食肉過惡，不食功德，令我及與諸菩薩等，聞已奉行，廣為他說。」爾時，大慧菩薩重說頌言：

菩薩摩訶薩，志求無上覺，
酒肉及與蔥，為食為不食？
愚夫貪嗜肉，臭穢無名稱，
與彼惡獸同，云何而可食？
食者有何過，不食有何德，
唯願最勝尊，為我具開演。

　　爾時，佛告大慧菩薩摩訶薩言：「大慧！諦聽諦聽，善思念之，吾當為汝分別解說。大慧！一切諸肉有無量緣，菩薩於中當生悲愍，不應噉食，我今為汝說其少分。大慧！一切眾生從無始來，在生死中輪迴不息，靡不曾作父母、兄弟、男女眷屬，乃至朋友、親愛、侍使。易生而受鳥獸等身，云何於中取之而食？大慧！菩薩摩訶薩觀諸眾生同於己身，念肉皆從有命中來，云何而食？大慧！諸羅剎等聞我此說，尚應斷肉，況樂法人。大慧！菩薩摩訶薩在在生處，觀諸眾生皆是親屬，乃至慈念如一子想，是故不應食一切肉。大慧！衢路市肆諸賣肉人，或將犬馬人牛等肉，為求利故而販鬻之，如是雜穢，云何可食？大慧！一切諸肉皆是精血汙穢所成，求清淨人云何取食？大慧！食肉之人，眾生見之，悉皆驚怖，修慈心者云何食肉？大慧！譬如獵師及旃陀羅、捕魚網鳥諸惡人等，狗見驚吠，獸見奔走，空飛水陸一切眾生若有見之，咸作是念：『此人氣息猶如羅剎，今來至此，必當殺我！』為護命故，悉皆走避。食肉之人亦復如是，是故菩薩為修慈行，不應食肉。大慧！夫食肉者，身體臭穢，惡名流布，賢聖善人不用親狎，是故菩薩不應食肉。大慧！夫血肉者，眾仙所棄，群聖不食，是故菩薩不應食肉。大慧！菩薩為護眾生信心，令於佛法不生譏謗，以慈愍故，不應食肉。大慧！若我弟子食噉於肉，令諸世人悉懷譏謗，而作是言：

『云何沙門修淨行人，棄捨天仙所食之味，猶如惡獸食肉滿腹，遊行世間，令諸眾生悉懷驚怖，壞清淨行，失沙門道？是故當知佛法之中無調伏行。』菩薩慈愍，為護眾生，不令生於如是之心，不應食肉。大慧！如燒人肉，其氣臭穢，與燒餘肉等無差別，云何於中有食不食？是故一切樂清淨者不應食肉。大慧！諸善男女，塚間樹下，阿蘭若處寂靜修行，或住慈心，或持咒術，或求解脫，或趣大乘，以食肉故，一切障礙，不得成就，是故菩薩欲利自他，不應食肉。大慧！夫食肉者，見其形色已，則生於貪滋味心，菩薩慈念一切眾生猶如己身，云何見之而作食想？是故菩薩不應食肉。大慧！夫食肉者，諸天遠離，口氣常臭，睡夢不安，覺已憂悚，夜叉惡鬼奪其精氣，心多驚怖，食不知足，增長疾病，易生瘡癬，恆被諸蟲之所唼食，不能於食深生厭離。大慧！我常說言：凡所食噉，作子肉想。餘食尚然，云何而聽弟子食肉？大慧！肉非美好，肉不清淨，生諸罪惡，敗諸功德，諸仙聖人之所棄捨，云何而許弟子食耶？若言許食，此人謗我！大慧！淨美食者，應知則是粗米、粟米、大小麥、豆酥油、石蜜如是等類，此是過去諸佛所許，我所稱說。我種姓中，諸善男女，心懷淨信，久植善根，於身命財不生貪著，慈愍一切猶如己身，如是之人之所應食，非諸惡習虎狼性者心所愛重。大慧！過去有王，名師子生，耽著肉味，食種種肉，如是

不已，遂至食人。臣民不堪，悉皆離叛，亡失國位，受大苦惱。大慧！釋提桓因處天王位，以於過去食肉餘習，變身為鷹而逐於鴿。我時作王，名曰尸毗，愍念其鴿，自割身肉以代其命。大慧！帝釋餘習，尚惱眾生，況餘無慚常食肉者，當知食肉自惱惱他，是故菩薩不應食肉。大慧！昔有一王乘馬遊獵，馬驚奔逸，入於山險，既無歸路，又絕人居。有牝獅子與同遊處，遂行醜行，生諸子息。其最長者，名曰斑足，後得作王，領七億家。食肉餘習，非肉不食，初食禽獸，後乃至人，所生男女，悉是羅剎。轉此身已，復生獅子豺狼、虎豹鵰鷲等中，欲求人身終不可得，況出生死涅槃之道。大慧！夫食肉者，有如是等無量過失，斷而不食，獲大功德。凡愚不知如是損益，是故我今為汝開演，凡是肉者，悉不應食。大慧！凡殺生者，多為人食，人若不食，亦無殺事，是故食肉與殺同罪。奇哉！世間貪著肉味，於人身肉尚取食之，況於鳥獸有不食者？以貪味故，廣設方便，置羅網罟，處處安施，水陸飛行皆被殺害。設自不食，為貪價值而作是事。大慧！世復有人，心無慈愍，專行慘暴，猶如羅剎，若見眾生其身充盛，便生肉想，言此可食。大慧！世無有肉，非是自殺、亦非他殺、心不疑殺而可食者，以是義故，我許聲聞食如是肉。大慧！未來之世，有

愚癡人於我法中而為出家，妄說毗尼，壞亂正法，誹謗於我，言聽食肉，亦自曾食。大慧！我若聽許聲聞食肉，我則非是住慈心者、修觀行者、行頭陀者、趣大乘者，云何而勸諸善男子及善女人，於諸眾生生一子想，斷一切肉？大慧！我於諸處，說遮十種、許三種者，是漸禁斷，令其修學。今此經中，自死他殺，凡是肉者，一切悉斷。大慧！我不曾許弟子食肉，亦不現許，亦不當許。大慧！凡是肉食，於出家人悉是不淨。大慧！若有癡人，謗言如來聽許食肉，亦自食者，當知是人惡業所纏，必當永墮不饒益處。大慧！我之所有諸聖弟子，尚不食於凡夫段食，況食血肉不淨之食。大慧！聲聞緣覺及諸菩薩，尚唯法食，豈況如來？大慧！如來法身，非雜食身。大慧！我已斷除一切煩惱，我已洗滌一切習氣，我已善擇諸心智慧，大悲平等，普觀眾生猶如一子，云何而許聲聞弟子食於子肉？何況自食！作是說者，無有是處。」爾時，世尊重說頌言：

以彼諸細蟲，於中大驚怖。
飲食生放逸，放逸生邪覺，
從覺生於貪，是故不應食。
邪覺生貪故，心為貪所醉，
心醉長愛欲，生死不解脫。

為利殺眾生，以財取諸肉，
二俱是惡業，死墮叫喚獄。
不想不教求，此三種名淨，
世無如是肉，食者我呵責。
更互相食噉，死墮惡獸中，
臭穢而顛狂，是故不應食。
獵師旃荼羅，屠兒羅剎娑，
此等種中生，斯皆食肉報。
食已無慚愧，生生常顛狂，
諸佛及菩薩，聲聞所嫌惡。
象脅與大雲，涅槃央掘摩，
及此楞伽經，我皆制斷肉。
先說見聞疑，已斷一切肉，
以其惡習故，愚者妄分別。
如貪障解脫，肉等亦復然，
若有食之者，不能入聖道。
未來世眾生，於肉愚癡說，
言此淨無罪，佛聽我等食。
淨食尚如藥，猶如子肉想，
是故修行者，知量而行乞。
食肉背解脫，及違聖表相，
令眾生生怖，是故不應食。
安住慈心者，我說常厭離，
獅子及虎狼，應共同遊止。
若於酒肉等，一切皆不食，
必生賢聖中，豐財具智慧。

大乘入楞伽經斷食肉品（語譯）

蔡慧明居士　編譯

　　大慧菩薩摩訶薩稟告佛陀：「世尊！祈請為我解說吃肉的過失與不吃肉的功德。我和諸位菩薩摩訶薩瞭解義理後，為現在未來受業報習氣所熏染、而嗜好吃肉的眾生演說，讓他們捨棄肉味，追求法味，對一切眾生起大慈心，互相親愛有如對待獨生子，安住菩薩地，得無上正等菩提。二乘人受持戒殺的止息戒後，也能成就無上正覺。世尊！像路伽耶等裸形外道，起有見或空見，執著斷見或常見，還會制訂戒律，不許徒眾吃肉。何況如來正等正覺，以大悲心教育感化眾生，是眾生最大的依靠支柱，怎麼會自己吃肉，而且允許弟子吃呢？偉大的世尊！悲憫世間，看待一切眾生有如獨生子。請世尊解說吃肉的罪過及不吃肉的功德，讓我和其他菩薩聽聞後遵照奉行，廣為宣揚。」那時，大慧菩薩以偈語重問佛陀：

菩薩摩訶薩，志求無上覺，
酒肉及與蔥，為食為不食？
愚夫貪嗜肉，臭穢無名稱，
與彼惡獸同，云何而可食？
貪者有何過，不食有何德，
唯願最勝尊，為我具開演。

　　佛陀告訴大慧菩薩摩訶薩：「大慧！仔細的聽，好好的想，我為你分析解說。大慧！由於無量的因緣，形成不同種類的肉身，菩薩在這當中應生悲愍心，不應該吃肉。今天我為你簡單的說明其中的因緣。大慧！一切眾生從無始以來，在生死中輪迴不息，期間曾經相互是父母、兄弟、夫妻眷屬，或是朋友、親人、主僕。因為業力影響，轉生作鳥獸身，怎麼可以殺來吃呢？大慧！菩薩摩訶薩看待眾生如同自己，想到肉類必須殺害眾生的命才能取得，怎麼吃得下呢？大慧！羅剎吃人鬼聽到我這樣說，都應當斷除吃肉惡習，何況是修行人。大慧！菩薩摩訶薩在任何地方，看一切的眾生都是自己的親屬，都要像自己的獨生子般的疼愛，因此一切的肉類都不該吃。

　　大慧！市場路邊賣肉的人，為了謀利，把人狗牛馬等不同種類的肉混雜出售，這樣骯髒混雜，怎麼可以吃呢？大慧！一切肉類都是精血污穢的合成，追求清淨的人怎麼可以吃呢？大慧！吃肉的人，畜生見了都會害怕，修行慈悲心的人怎麼可以吃呢？大慧！譬如捕捉魚類鳥獸的獵人，以及屠宰販售的屠夫，狗看到會害怕狂吠，鳥獸見到會驚慌走避。空中飛的、水中游的、陸地走的等一切眾生，看到獵人或屠夫，都會起這樣的念頭：『這個人的氣味像羅剎鬼，出現在這裏，必定是來殺我的！』為了逃命，趕緊走避。吃肉的人也是一樣，會讓眾生生起恐怖心，因此菩薩為了修慈悲行，不應該吃肉。

大慧！吃肉的人身體臭穢，惡名流傳，賢聖善人不來親近，所以菩薩不該吃肉。大慧！血肉是仙人離棄、聖人不吃的東西，所以菩薩不該吃肉。大慧！菩薩為了使眾生產生信心，對於佛法不生誹謗，因為慈悲，所以不該吃肉。大慧！如果我的弟子吃肉，讓世間人譏笑誹謗，大家會說：『為什麼佛門清淨修行人，捨棄天仙的禪悅法味。卻像惡獸般的吃肉，遊行世間，所到之處，讓眾生看了心驚恐怖，敗壞清淨行，失去沙門道？由此可見，佛法中沒有調伏貪欲、瞋恚、愚癡的方法。』菩薩慈悲，為了愛護眾生，不讓眾生有這樣的想法，所以不該吃肉。大慧！像燒死人屍體，味道腥臭，和燒煮其他動物的肉一樣，既然都同樣腥臭，為什麼有該不該吃肉的問題呢？因此，所有樂意清淨修行的人都不該吃肉。

大慧！善男子善女人，在墳墓邊、樹下等寂靜處修行，或修慈悲心，或持咒術，或求解脫生死，或求大乘佛法，只要吃肉，一切障礙，無法成就。所以，菩薩想要自利利他，不該吃肉。大慧！吃肉的人見到動物的形體肥美，就想殺來嚐味。菩薩慈念一切眾生有如愛護自己，怎麼可以看到動物就想殺來吃呢？所以菩薩不該吃肉。大慧！吃肉的人，天人遠離，口氣常臭，睡夢不安，醒來憂愁，夜叉惡鬼奪他的精氣，心多驚怖，飲食不知節制，身體多疾病，皮膚容易生瘡癬，常被蟲咬，對於飲食不能生出厭離心。

　　大慧！我常說，進食時就像在吃自己孩子的肉。吃清淨不是肉類的食物，都要這樣觀想，怎麼可能允許弟子吃肉呢？大慧！肉不美好，肉不清淨，吃肉有許多罪過，會敗壞所有功德，會被諸仙聖人捨棄，不來親近，因此，我怎麼可能允許弟子吃肉呢？如果有人說佛陀允許吃肉，這個人就是在誹謗我！

　　大慧！所謂清淨美好的食物，指的是糙米、小米、大麥、小麥、豆酥油、蜂蜜、冰糖等等這類東西。這些食物是過去諸佛所許可，我也允許可以吃的。我弟子中，善男子善女人，心懷淨信，久種善根，對於身命錢財不生貪著，悲愍眾生如同愛護自己。這樣的弟子，應當吃我允許的食物，不該吃虎狼習性的人所愛吃的肉類。

　　大慧！過去有個國王，名叫師子生，沉迷肉味，吃各種動物的肉還不滿足，最後竟然吃人肉。臣民無法忍受，紛紛叛變，國王因而失去王位，受了許多煩惱痛苦。大慧！釋提桓因（帝釋）貴為忉利天王，因過去世有吃肉的習性，見到鴿子，還化成老鷹去追逐。那時我是個國王，名叫尸毗王，同情鴿子，就割下身上的肉餵老鷹，救了鴿子一命。大慧！忉利天王釋提桓因過去吃肉的習性，還會擾惱眾生，何況是沒有慚愧心常吃肉的人呢！可見吃肉會擾惱自己和他人，所以菩薩不該吃肉。

大慧！過去有個國王，騎馬外出打獵，馬受到驚嚇逃跑，國王在山裏迷路，無法回家，附近又無人居住。有母獅子來接近，就和母獅子有了婬行，生了孩子。最大的孩子叫斑足，後來成為斑足王，統領七億人家。因從小吃肉習慣，當了國王後，餐餐都要吃肉。開始是吃動物肉，最後吃起人肉來了，所生的孩子都是羅剎。斑足王及子女死後，都轉生在獅子、虎豹、豺狼、鵰鷲等肉食禽獸中，想出生為人類都不能，何況是了脫生死入涅槃呢！

　　大慧！吃肉有這麼多的罪惡過失，斷除不吃，有大功德。愚癡凡夫不明白其中的功過道理，因此我今天為你解說，凡是眾生肉，都不可以吃。大慧！殺生是因為有人要吃，若沒人吃，就不會有人殺，所以吃肉和殺生同罪。真是奇怪！世間人貪著肉味，人肉都想吃，何況是鳥獸的肉。因為貪圖肉味，所以處處佈下羅網，網羅殺害陸海空三路的眾生。縱使自己不吃，為了貪圖錢財利益，也會捕殺來出售。大慧！世間又有一種人，心無慈悲，行為殘暴有如羅剎，見到動物形體肥美，便想宰殺來吃，認為是人間美味。大慧！世間沒有任何一種肉，不是親手殺，不是他人殺，不是為了他人要吃而殺。因此，我允許聲聞弟子吃這種實際並不存在的三淨肉。

　　大慧！未來的世界，會有愚癡的人在我法中出

家，胡說戒律，擾亂正法，誹謗如來，說我允許弟子吃肉，自己也吃肉。大慧！如果我允許聲聞弟子吃肉，我就不是修行安住在慈悲觀的人，我就不是修頭陀苦行的人，我就不是自利利他的大乘人。如果我不是這樣的人，又如何能勸善男子善女人，看待一切眾生有如獨生子，而勸他們斷除肉食呢？

大慧！我曾經在不同的地方，禁止吃人象牛馬驢豬狗猴蛇鳥等十種肉，允許吃不是親手殺、不是他人殺、不是為了他人要吃而殺的三種淨肉。我這樣做，是要逐漸禁止弟子吃肉，好讓他們在佛法中修學。今天在此大乘入楞伽經中規定：無論是自己死或被殺，只要是眾生肉，一律不可以吃！大慧！過去我不曾允許弟子吃肉，現在不許可，未來也不會答應。大慧！任何種類的肉，對於想出離三界解脫生死的人來說，都不清淨。大慧！若有愚癡人，說如來自己吃肉，也允許弟子吃肉。說這種話的人，是被惡業纏繞，會生生世世墮落在地獄餓鬼畜生等三惡道，及盲聾瘖瘂等八種災難處，永遠得不到佛法的真實利益。大慧！我所有入聖位的弟子，連一般凡夫的食物都不吃了，何況吃血肉不清淨的肉類。

大慧！聲聞緣覺及菩薩，都只有以法為食，何況是如來。大慧！如來法身不是雜食身。大慧！我已斷除一切煩惱，我已洗滌一切習氣，我已得到所有智慧，大悲平等，看待眾生有如獨生子，怎麼可能允許

聲聞弟子吃獨生子的肉？又怎麼可能吃自己孩子的肉呢？說我和弟子吃肉，是不合道理，也是不可能的事！」這時，世尊用偈語再次宣說斷除肉食的義理：

悉曾為親屬，眾穢所成長，
恐怖諸含生，是故不應食。
一切肉與蔥，韭蒜及諸酒，
如是不淨物，修行者遠離。
亦常離麻油，及諸穿孔床，
以彼諸細蟲，於中大驚怖。
飲食生放逸，放逸生邪覺，
從覺生於貪，是故不應食。
邪覺生貪故，心為貪所醉，
心醉長愛欲，生死不解脫。
為利殺眾生，以財取諸肉，
二俱是惡業，死墮叫喚獄。
不想不教求，此三種名淨，
世無如是肉，食者我呵責。
更互相食噉，死墮惡獸中，
臭穢而顛狂，是故不應食。
獵師旃荼羅，屠兒羅剎娑，
此等種中生，斯皆食肉報。
食已無慚愧，生生常顛狂，
諸佛及菩薩，聲聞所嫌惡。
象脅與大雲，涅槃央掘摩，
及此楞伽經，我皆制斷肉。

先說見聞疑，已斷一切肉，
以其惡習故，愚者妄分別。
如貪障解脫，肉等亦復然，
若有食之者，不能入聖道。
未來世眾生，於肉愚癡說，
言此淨無罪，佛聽我等食。
淨食尚如藥，猶如子肉想，
是故修行者，知量而行乞。
食肉背解脫，及違聖表相，
令眾生生怖，是故不應食。
安住慈心者，我說常厭離，
獅子及虎狼，應共同遊止。
若於酒肉等，一切皆不食，
必生賢聖中，豐財具智慧。

上文轉載自「七葉佛教書舍」網頁鏈接：
http://www.book853.com/show.aspx?id=786&cid=96&page=5

參考書目

《中觀第一人——龍樹菩薩》
編繪：林鑫 出版者：佛光文化事業有限公司

《大乘傳法人龍樹菩薩》
徐潔◎著 劉建志◎繪 出版者：法鼓山文化事業股份有限公司

《龍樹與中後期中觀學》
吳汝鈞◎譯 出版者：文津出版社有限公司

《佛門人物志》
褚柏思◎著 出版者：新文豐出版公司

《龍樹菩薩論頌集》
龍樹菩薩造頌 出版者：方廣文化事業公司

《龍樹菩薩親友書講記》
索達吉堪布仁波切 講解
心一堂彭措佛緣叢書‧索達吉堪布仁波切譯著文集

聽講 龍樹菩薩 的故事

名譽顧問　　：慈雲法師
　　　　　　　崇諦法師
顧問　　　　：鄭萬章
編著　　　　：桂心
編輯　　　　：鄭錦鳳
攝影　　　　：鄭錦鳳
義務文字校對：李凌欣
美術設計　　：藍欣設計

出版：華宇文化傳訊有限公司
地址：香港九龍灣臨興街 32 號美羅中心一期 18 樓 1823 室
電話：+852-3116 2600　　　　傳真：+852-3116 2663
電郵：pr@sinocultures.com　　網站：www.sinocultures.com

香港代理經銷：香港聯合物流書刊有限公司
地址：香港新界大埔汀麗路 36 號中華商務印刷大廈 3 字樓
電話：+852-2150 2100　　　　傳真：+852-2764 2418

台灣代理經銷：白象文化事業有限公司
地址：40144 台中市東區和平街 228 巷 44 號
電話：+886-4-2220 8589　　　　傳真：+886-4-2220 8505

版次：二〇二〇年一月，第一版